新潮文庫

大人げない大人になれ！

成毛　眞著

新潮社版

9593

はじめに——なぜ「大人げなさ」が必要か

本書は、一冊丸ごと「大人げなさ」について書いたものだ。今、大人たちに必要とされているのは、「我慢」や「努力」ではなく、子供のような「大人げなさ」ではないだろうか。

私がこれまで出会った、凄《すさ》まじい結果を残した人、人生を楽しみ尽くしている人たちには、必ずどこか大人げなく、子供じみたところがあった。

たとえば、かつてマイクロソフトで一緒に仕事をしたビル・ゲイツ。彼は、まさしく大人げないという言葉がぴったりの人物だ。パソコンがまだオタクのおもちゃでしかなかった時代、彼はそのおもちゃでもっとも夢中になって遊んだ少年だったのだ。彼はもちろん経営の天才ではあるが、マイクロソフトがここまでの会社になったのは、彼が遊びに遊んだ、その結果であるといっても過言ではない。

その他にもマイクロソフトにかつて在籍した才能たちや、ソフトバンクの孫正義《そんまさよし》を始めとする日本の挑戦的な企業家。そして、ノーベル賞級の功績を残した偉大な科学者。私の知る限り、突出した成果をあげている人物は、大人げない人ばかりだ。彼らは、その大人げなさによって、常人では思いつきもしない新たなものを創造し続けているのである。

これについて「そういう人たちはすでに成功しているから、大人げなく、わがままでいられるのではないか」ということを言う人がいる。しかし、それは間違いだ。彼らは始めから、自分の欲求に正直な大人げない人物であり、だからこそ誰も思いつかない新しいことを考え、それを実現させることができたのだ。つまり、彼らの成功の原動力は「大人げなさ」そのものなのである。

そして、彼らを特別な例だと考えてはいけない。本来、大人げなさとは誰もが内に秘めている資質だ。違いはそれを押し殺して我慢をするか、好きなものを貫き、自分の思うとおり突き進むかだけなのである。

どういうわけか日本では、我慢を美徳として考える傾向がある。そして、強い自制心を持つことが大人の証明になるとされる。しかし、私の周囲の成功者とされる人に、我慢強い人物は見当たらない。逆に、やりたいことがまったく我慢できない、子供のような人ばかりだ。そういう人は、好きでやっているのだから、時間を忘れていくらでもがんばるし、新しいアイデアも出てくる。我慢をして嫌々ながらやっている人が、こういう人達に勝てるはずがないではないか。

私自身についても、自分の中に多くの大人げないところを見つけることができる。生来のあまのじゃくであるし、我慢は大の苦手だ。何かに熱中し始めてしまうと、他のものはまったく目に入らないから、周囲には迷惑をかけてばかりである。だが、私が35歳のときにマイクロソフト日本法人の社長になり、この会社が当時最も大きな成長を達成することができたのも、私とその社員たちに多くの大人げなさがあったからといってもいいだろう。

また、大人げなさは、時代の変化につれてその必要性が高まっている。

すでに日本の経済は新たなフェイズに突入した。右肩上がりの成長を前提としたモデルは破綻《はたん》し、真似ができるような手本も存在しない。既存の枠組みの中で、先進的なモデルをキャッチアップすればいい時代はとうに終わりを告げた。今後は、とんでもなく不確実な世界のなかで、変化に対応するだけでなく、変化を自らが創《つく》り出すことが求められる。

こうした状況下においては、単純労働者はおろか、事務的な頭脳労働者でさえも、その価値が半減してしまう。均一な労働力よりも、飛びぬけた創造性に価値の源泉が移行しているからである。これから生まれる格差は、階級や学歴は関係ない、創造性の差から生まれる格差になるだろう。

創造性とは、どれだけ平均的な発想から逸脱できるかということである。いつも周囲の空気を読んで、平均の周りで安住していてはそんな発想は得られない。自分の好きなものをひたすらに貫くことのできる大人げない人こそが、平均からかけ離れることができるのである。みなと同じ経験をし、みなと同じ本を読み、みなと同じことしかできない人はお呼びでないのだ。

本書には、これまで私の人生において起きたエピソードがちりばめられているが、決して自叙伝の類《たぐい》ではない。私以外の大人げない人物や企業にも注目し、そのエッセンスを抽出したつもりである。

本書で取り上げる大人げなさには、年齢も、性別も、職業も何一つ関係がない。また、これこそが必要とされる大人げなさだと、ただ一つに絞れるようなものでもない。世の中には無数の個性があるように、それぞれが持つ大人げなさも千差万別なのである。

しかし、ここで間違いなく言えることは、大人げない自分を取り戻すことができれば、その他大勢の人々とは自然と差別化されていくということだ。これはビジネスでも、人間関係でも必ず有利に働く。反対に、大人げなさを包み隠すことは、せっかくの強みを捨てることと同じである。

自分の持つ大人げなさをどう扱うかで、人生には大きな差がつく。まずは、本書を手がかりに、あなたに隠された「大人げなさ」を発掘することから始めてみてはいかがだろうか。

目次

第1章　大人げなさが求められる時代がきた

第2章　大人げないとはどういうことか

第3章　やりたいようにやればいい

第4章　大人げなく楽しく生きる方法　実践編

大人げない大人になれ！

第1章　大人げなさが求められる時代がきた

本当に大人げない人々

今日の教育の目的とは、子供の成熟を促進することにある。多くの人が、子供を常識と節度のある大人へ成長させることが、社会全体の利益につながると信じているからだ。子供はいち早く大人になるように促され、大人も自分がより成熟した人間になるべきだと考える。おかげで世の中には、品行方正だが型通りで退屈な大人が溢《あふ》れてしまっている。

一方で、世間の注目を集めるような飛びぬけた功績を残す人には、子供のまま大人になったような人物が驚くほど多い。好奇心旺盛《おうせい》、熱狂的、おバカなどいろいろな要素があるが、一言で言えば「大人げない」人たちである。こうした人たちは、あやふやでつまらない成熟や常識といったものとは、まったく無縁の生き方をしているのだ。

そこで、私はこういった「大人げなさ」こそ、人生を生きるうえで最も重要な要素なのではないかと考え始めた。私の出会った大人げない人々は、人を惹《ひ》き付け、独自の世界を構築し、どこまでも突き抜けていった。偉大な子供たちは、年は重ねても大人にならず、この世界を縦横無尽に走り回っている。あなたも周囲を見渡せば、こうした愛すべき大人げない人を見つけることができるはずだ。

ここで思い切って断言しておこう。人は大人げなくいることで、多くの人を魅了し、新たな発想を生み出すことができる。そして、自分の人生を面白くできるのも間違いなく大人げない人なのである。

では、大人げない人とはどのような人だろう。ここではまず、実業界の例としてソフトバンクの孫正義と、ホリエモンこと堀江《ほりえ》貴文《たかふみ》を取り上げてみたい。

孫正義といえば、知らぬ人はいないIT業界の寵児《ちょうじ》だ。数々の事業で勝ち名乗りを上げてきた彼に対し、昼夜を問わず働き続ける仕事人間というイメージを持っている人も多いだろう。しかし、それは間違いだ。

たとえば趣味のゴルフ一つをとっても、およそ分別のある大人とは言い難い男である。本物のゴルフ好きとは彼のような人間を指す。私から見ても、頭のネジが何本か外れているのではないかと思えたほどだ。

孫がゴルフを始めたのは健康のためだったそうだが、なんと1年間でシングルプレイヤーという上級者の仲間入りをしたという。ゴルフを少しでも知っていればわかるが、これは並大抵のことではない。一時期にはプロゴルファーでも考えられないくらい大量の打ち込みを、毎日欠かさずしていたそうだ。これでは、健康には悪影響があるに違いない。

またホリエモンについて、ほとんどの人が思い浮かべるのはおそらくライブドア事件のことだろう。しかし、私にとっての彼は、今も昔も宇宙ビジネスの人なのだ。遠く宇宙を夢見る少年というのがしっくりくる。

ライブドア事件があってから、いくらか時間の経《た》ったある日、彼を私の自宅に招く機会があった。じっくり話を聞くと、今でも個人的にロケットエンジンの開発をしているのだという。そして、バッグの中からパソコンを取り出し、ある映像を見せてくれた。

それは、開発中のエンジンの点火実験を撮影したものである。彼は目を爛々《らんらん》と輝かせながら、これは点火がうまくない、ここの燃料噴射の設計が非常に難しい、などとエンジニアのように語っていた。私もこういったものには興味のある方だから、つい楽しくなってしまい、その日は宇宙とロケット談義に花が咲く。

この夜は、どれほどの時間が過ぎたであろうか。そろそろお開きにしようと思い、ふと隣に目を向けると、同席した若者があっけにとられた顔で口をぽっかり開けている。私は、別の用事で彼を呼びつけたにもかかわらず、話に熱中するあまり、その存在を忘れてしまっていたのだ。ＩＴ企業の元社長が二人して仕事を放り出し、畑違いの宇宙だのロケットだのと嬉々《きき》として語るところに、一晩中付き合わされていたのだった。まともな大人では考えられないことだ。

ところで、ここまでに取り上げた二人のように優れた企業家の持つ要素とは、行動力や強い意思といったものではないと私は思う。やりたくもないことをする行動力などたかが知れているし、自分本来の欲求から逸《そ》れた意思の力は継続もしないのである。

それよりも、彼らはただ単純に、自分の好きなことを我慢できないだけなのだ。

たとえば、孫正義が新製品発表会で、満面の笑みでプレゼンテーションをする姿は、自分のおもちゃを自慢する子供のようである。彼は、自分の手がけた製品を世に出せることがうれしくてたまらないのだ。彼にとっては仕事そのものも大好きな遊びのはずだ。

そして一連のライブドア事件が起こる前まで、堀江貴文に日本中の注目が集まっていたのも、堀江自身が実に大人げない人物だったからだ。企業買収や、プロ野球や政界への進出など、やりたいことは手当たり次第にチャレンジしていた。わざと常識とは逆のことを言ってみたり、歯に衣《きぬ》着せぬ物言いも真っ当な大人とはかけ離れているのである。

飛びぬけた企業家には、思慮深いことや、節操を貫くことは必ずしも必要ではない。

むしろ、やりたいことは我慢できないという、ほとんど小学生並みの行動原理で動くことができる人こそ最も強力なのである。

ノーベル賞受賞者の二人に一人は可愛《かわい》い

科学者に与えられる最高峰の栄誉であるノーベル賞受賞者にも、世間的なイメージであるお堅い科学者とはかけ離れたチャーミングな人が沢山いる。ノーベル賞とは、努力や苦労を評価するものではなく、新たな概念を生み出したことに対して与えられるものである。ここでも、子供っぽさを持ち合わせている人が、有利に働くことが多いように思える。

ところで、自叙伝といったものは、よほど濃密で波乱に富んだ人生を送った人のものでなければ、面白いものは稀《まれ》である。たとえば、日本経済新聞の「私の履歴書」に登場する大企業のお偉いさんのものは、自慢話ばかりでことごとくつまらない。しかし、これがノーベル賞を受賞するような科学者のものになると話は変わる。日常の小さな出来事でも、子供のような好奇心によって深く掘り起こされ、心躍るエピソードになってしまうのである。こうしたなんでもないところにこそ気づきがあり、ゆくゆくの大きな発見につながるのだと再確認させられる。

たとえば、1965年にノーベル物理学賞を受賞したリチャード・ファインマンは、好奇心とユーモアの塊であった。子供の頃から老いてまでも、いたずらで大人や権力者の鼻を明かすことを楽しんだ。また太鼓の名手でもあり、リオを訪れた際にはコパカバーナビーチをサンバ・バンドの一員として練り歩いたそうだ。こうした愉快なエピソードがいくらでも出てくる。

ファインマンに負けず劣らずユーモラスで、さらにぶっ飛んだ科学者もいる。1993年にノーベル化学賞を受賞したキャリー・マリスだ。サーファーで無類の女好き、そして自らのマリファナやLSDの使用経験を公言したとんでもない人物であった。

3度の離婚歴を持つ彼は、ノーベル賞の授賞式に前妻とその子供に加え、当時のガールフレンドを連れていったという。その年のもう一人のノーベル化学賞受賞者であるマイケル・スミスも、同じように先妻とガールフレンドを連れてきたというから驚きだ。マリス自身も話しているが、こうした偶然はさすがに二度と起こらないだろう。どうやら、常識破りの功績に与えられるノーベル賞は、行動も常識破りの人間たちに与えられるものらしい。ノーベル賞に先駆けて日本の国際科学技術財団から日本国際賞を授与されたマリスは、その授賞式で日本の皇后に向かって、「スウィーティ（かわい子ちゃん）」と挨拶《あいさつ》したという。

マリスは、生化学者として、DNAの断片を大量に増幅するポリメラーゼ連鎖反応

（ＰＣＲ）法の開発によって、ノーベル賞を受賞した。これは今日のＤＮＡ解析の基礎となっているアイデアである。マリスがこの着想に至ったのは、彼がガールフレンドと深夜にドライブ・デートをしている時のことだったという。ガールフレンドが助手席で居眠りをする傍ら、何度か車を路肩に停車させながら、このアイデアの大枠をまとめたそうだ。

彼らのようにチャーミングな科学者は日本にも多い。むしろ、日本人の方がこうした大人げない人は多いかもしれない。

まず、記憶に新しいのは、２００８年にノーベル物理学賞を受賞した、京都産業大学の益川敏英《ますかわとしひで》教授だ。かなり強烈なキャラクターであったから、覚えている人も多いだろう。連日メディアに登場する益川教授には私もかなり面食らった。

中でも、インタビューで受賞の心境について問われた彼が、はにかみながら「大してうれしくない」と答えていた姿はとても印象深い。文字にしてしまうと挑発的だが、映像を見た人にはわかるだろう。どう見ても、褒められて照れ隠しをする子供にしか思われなかったのだ。テレビを通して伝わる彼のキャラクターは、突如として私たちの心を奪ってしまった。

そのほかにも、２００２年にノーベル化学賞を受賞した田中耕一氏も、多くの人の心に残っているだろう。私も彼のはにかんだ笑顔を今でも覚えている。生来の実験好きである彼は、受賞以降のインタビューや講演依頼によって、大事な実験のための時間をとられることを嫌った。彼は自叙伝を出版することで自らのすべてを伝え、講演などの依頼が減ることを願ったそうだ。なんとも大人げない考えである。

同年にノーベル物理学賞を受賞した小柴昌俊《こしばまさとし》氏のエピソードも面白い。彼は、ニュートリノという素粒子を観測する装置〝カミオカンデ〟を発明したことで知られるが、そのきっかけは、研究仲間からこうした実験装置の開発を依頼されたからだそうだ。すでに小柴氏は、依頼のある前から同じような実験装置を考えていたのだが、なんと依頼から一晩でその概念図を書き上げ、同僚を驚かせたという。これも子供が考えるように、ただ人をびっくりさせたいという一心がさせたことではないだろうか。彼が得意になって、同僚の驚嘆した顔を眺めているところが思い浮かぶだろう。

こうした大人げない科学者のエピソードは、多くのことを教えてくれる。子供のもつ好奇心やユーモア、夢中になって突き進む真《ま》っ直《す》ぐさが、大人にこそ求められているものなのである。

子供のようなビル・ゲイツ

私が初めてマイクロソフトの米国本社を訪れたのは、アスキーに入社して1週間ほどたった日のこと。当時はまだ、マイクロソフトもビル・ゲイツもほとんど無名である。オフィスに足を踏み入れ、最初に目に入ってきたのは、口から血を流して廊下に倒れている社員だ。出鼻から、この会社は大丈夫なのかと不安になったことを覚えている。

気を取り直して、ビル・ゲイツへの挨拶を済ませようとするが、オフィスのどこにもその姿が見当たらない。この時間に訪問することは伝わっているはずである。仕方なく本社の社員に居場所を尋ねると、「さっき廊下で寝てるのを見かけたけど」と平然と言われてしまった。まさかと思ったがそのとおり、廊下に倒れていた男がビル・ゲイツ本人であった。

ちなみにこの時、血に見えたのはハンバーガーのケチャップだ。ビルは口の周りを真っ赤にして拭《ふ》きもせず、廊下に倒れこんで仮眠をとっていたのである。

この時から、ビルとのマイクロソフトにおける20年ほどの付き合いが始まった。その後、マイクロソフトがどれほど大きくなろうとも、ビルのこうした性格はまったく変わっていない。今でも私は、ビル以上に子供のような人とは出会っていないのだ。

彼が世界を代表する大金持ちとして有名になった後、幕張で行われたイベントの基調講演を引き受け、来日したことがあった。この時すでに、ビルは有名人テロの対象にもなるような人物であったから、受け入れ側は厳戒態勢である。しかし、そうした努力も空しく、イベントの前日にビルはホテルから忽然《こつぜん》と姿を消し、行方不明になってしまったのだ。当然、スタッフを総動員しての捜索を始めたが、なかなか見つからない。日本法人のスタッフや電通などの関係先を含め、パニック状態である。

結局ビルは、幕張本郷駅近くのマクドナルドで、列に並んでハンバーガーを買っているところを発見された。そんなことはスタッフに任せてくれと言うと、ビルは「久しぶりに自分でマクドナルドに並んでハンバーガーを食べたかったんだ」と笑っている。アメリカでは常に防弾ガラスで守られた車で移動し、海兵のようなセキュリティ・ガードが付いていたから、安全な日本では羽を伸ばしたかったのだろう。これではこちらも苦笑するしかない。大人は子供に敵《かな》わないのである。

その後、この一件もあって馬鹿《ばか》らしくなってしまった私は、ビルが来日してもいちいち気を揉《も》むのをやめた。しかし、ビルのガードを担当する本社のセキュリティ部門は、これを許さない。来日にあたっては、こちらでの移動について、車は防弾ガラスなのか、ガードマンは何人つくのかと、こと細かに計画を問いただしてくる。私はあまりに面倒くさくなってしまったので、「日本ではタクシーで移動する、以上」と短いメールを送りつけたところ、それでは日本に行かせないと返信があった。もう、どうでもいいと思ってもいたから、私は即座にこのメールをビルに転送した。

このメールを見たビルは爆笑していたらしい。すぐにセキュリティ担当者と私に「日本は世界一安全なんだ。マイク（私の愛称）に任せているから大丈夫」とメールが返ってきた。セキュリティ部門のスタッフでも、ビルから直接メールをもらったのは初めてだったのだろう。それから日本での滞在についてうるさく言われることはなくなった。彼も大きな子供二人に対して、何も言えなくなってしまったのだろう。今となっては、彼にも立場があったのだから、少し申し訳ないことをしたと反省している。

また、ビルの大人げなさは、感情をまったく隠さないところにも現れている。

マイクロソフトの日本法人が小さな会議室しか持たない時代に、参加者が入りきらないからと、ニューオータニの一室でミーティングをしたときのことは、今でも鮮明に思い出される。このとき、初めてビルの怒りを目の当《ま》たりにした私は、唖然《あぜん》としてしまったからだ。何が気に食わなかったのかわからないが、突如として怒りだしたビルは、上に載せられたコーヒーごとテーブルをひっくり返しながら叫びだした。理由は覚えていないのだから、取るに足らないことであったと思う。怒り方も子供そのものだったのである。

こうしたビルの怒りは日常茶飯事だったが、最も激しかったのは、ある新製品発表会のことであった。イベントが終わると同時に、プレゼンテーションの準備が悪いと烈火のごとく怒りだしたビルは止まらなかった。この時になると、私ももう慣れたものであったから、携帯電話で話しながら「ちょっと電話中だから、静かにしてくれる？」と、ほとんど無視していた。ビルはその横で、Fから始まる英単語を叫び散らしていたのだ。

この時は偶然、キャスターの田丸美寿々《たまるみすず》さんが、ビルの追跡取材で同行していたのだが、あまりのビルの怒りように、カメラを回していてもいいのかと判断に窮したそうだ。その後、「普通、社長がここまで怒っていたら、成毛さんはクビですよね」と私のことまで心配してくれた。しかし、その後もクビになることはなかったし、ビルと険悪になるようなこともなかった。ビルとは子供同士で、いい関係を続けることができたのだ。

なお、ビル・ゲイツは、彼の大人げなさをもってして、ビジネスでの成功をおさめたわけではない。ビルは数十年に一人の正真正銘のビジネスの天才であった。だから本書では例外の扱いである。

私が出会った大人げない人たち

さらにマイクロソフトにいたすごい人物を紹介しよう。マイクロソフトでは伝説のプログラマーと呼ばれた稲川幸則《いながわゆきのり》である。

私が稲川に出会ったのは、20数年前のことである。当時はUNIXという、米国で生まれた新たなOSが浸透し始めている時期であった。マイクロソフトでは、このUNIXをベースとしたXENIXという名のマイコン向けのOSを売り始めた頃だ。

海外のソフトウェアを日本で使うとなった際に、最初に問題になるのが日本語を扱うためのローカライズという作業である。日本語は2バイト文字と呼ばれ、英語よりも文字のデータ量が多いため、対応には骨が折れるのだ。それがシステムの基幹であるOSともなれば、一筋縄ではいかない。

この頃、UNIXの重要性を認識した日本の中央省庁と有識者は、UNIXを日本語対応させるため、数億円の予算をつけた一大プロジェクトを立ち上げようとしていた。またマイクロソフトでも、自社製品であるXENIXを日本語化しなければならない。そして、社内のプロジェクトチームを設けようとした矢先に、ある日本人が一人で、XENIXを日本語化させてしまったらしいという噂《うわさ》を聞きつけた。

まさかそんなはずはない。もともとは研究機関で開発されたUNIXであれば、ソースコードが公開されているので、難しいことではあるがまだ話はわかる。しかしXENIXはマイクロソフトが発売している商用ソフトである。他者による改変を防ぐため、ソースコードは公開せず、バイナリデータと呼ばれる、人間には読み取りできない形式で販売しているのだ。

半信半疑で日本語化したという稲川のもとへ視察に出かけていくと、なんの問題もなくXENIXが日本語で動いている。もちろんその場の誰もが啞然とした。一体どうやったのだと聞けば、バイナリデータを解析（専門的には、逆アセンブルという操作）して、機械語に近い言語を直接操作して作業したというのだ。

言葉で言うのは簡単だが、これはマイクロソフトのスタッフチームが作り上げた複雑な暗号のようなものを、たった一人で解読してしまったということである。稲川はただ、自分が個人的に使用するためだけに、面白がってこの作業をやり遂げていた。この天才を、マイクロソフトが即座に引き抜いたことは言うまでもない。

稲川は、マイクロソフトの日本法人に入社して1年ほどで、その才能をビルに見抜かれ、米国本社に引き抜かれてしまった。本社では、最も有能なプログラマーが配属される生産技術の部門で活躍していたそうである。

その後、マイクロソフトの仕事に飽きて辞めることになった稲川は、フェラーリのF1チームのプログラマーとなった。稲川がチームに在籍していた2年間は、フェラーリが最も高い成績をたたき出した時期とぴったり重なる。彼は、「車はコンピュータで動かしているんだ」と豪語していた。

私は彼に、なぜフェラーリに行ったのかと聞いたことがある。彼は、「フェラーリの本拠地であるイタリアのモデナは、バルサミコ酢がうまいんだ」と笑っていた。稲川は無類の車好きでフェラーリを何台も所有していたから、これは冗談だったのだろう。しかし、ある日彼がまたフェラーリを買ったんだと聞いた時には、またもや唖然とさせられてしまった。今度はどのモデルだと聞けば、フェラーリの米国支社を会社ごと買っていたのだから、その大人げのなさには私も笑うしかなかったのである。

さらに変人の類も紹介しよう。ある日、オフィスで誰かが「何かいい匂《にお》いがする」と言い始めたことがある。言われてみれば、確かに何かの匂いがする。匂いをたどってオフィスをうろうろすると、サーバールームに行き当たった。当時のサーバーは、今とは比べ物にならないほど巨大だったため、数台のサーバーが一部屋を占拠していたのである。ここだと見当をつけ、一つのサーバーラックを開けてみると、中には若手社員が寝袋にくるまって寝ていたのだ。このときは冬だったから、サーバーの熱で暖をとっていたという。匂いの元を探すと、寝ていた社員の足元で、炊飯器が炊《た》き立ての湯気を上げていた。

マイクロソフトには、スーツを着ないどころか一着も持っていないような社員もいたし、ビル・ゲイツのように会社で生活するものもごく普通にいた。もっと変わった社員を紹介すれば、何を思ったのか、トイレにこもってオウム真理教の幹部の名前とホーリーネームを丸暗記しようと、奮闘しているものがいたこともあった。べつに信者というわけではなく、ただ人を驚かせたい一心でやっているのだから、まるで理解不能だ。誇張ではなく、こうした人間は沢山いて、彼らはことごとく素晴らしい結果を残していった。

今でも、なぜマイクロソフトにはこんな社員が集まったのだろうと思うことがある。その理由の一つは、この会社に何かの引力があったからだろう。しかし、私はそれ以上の理由があると思う。この本当の理由とは、これほど大人げない人でないと、このような会社ではバカバカしくて、やっていけなかったからである。

マイクロソフト社員の多くは、後にストックオプションによって億万長者になったが、皆がそれを狙《ねら》って努力していたと考えるのは間違いである。ストックオプションで社員が金持ちになるというのは、マイクロソフトとインテルが実現して、初めて理解されたことだ。当時はそんなことは誰も考えつかなかったのである。

それでもこの会社で働くことができたのは、ひたすらにコンピュータが好きで、これに賭けてみようとするチャレンジ好きの大人げない人たちだけであった。そこには安定などというものは少しもない。真っ当な大人の感覚では、1ヶ月といられない職場だったのである。

このようにチャレンジングで、ぶっ飛んだところで働くことができるのは、自分のやりたいことをとことん追求する大人げなさを持つ人なのである。

大人になってしまったマイクロソフト

企業の世界にもまた、子供のような企業と言えるものが存在すると感じている。これまでに取り上げた大人げない人たちの集まりと言った方が正確かもしれない。

私の基準から思いつくままに挙げれば、グーグル、パタゴニアといった企業である。彼らもまた、子供特有の独創性と果敢なチャレンジによって、多くの顧客を惹《ひ》き付けることに成功している。

ここで誤解のないように言うが、なにも彼らの扱う商品やサービスが子供じみていると言いたいわけではない。むしろそれらは技術の塊で、洗練されたものだと思う。私なりの表現をすれば、子供のような企業とは、ビジネスを遊び場にできる人間の集団なのだ。

さらに例を挙げると、私が社長を務めていたマイクロソフトも、この条件に当てはまっていた。この会社にいたのは本当に大人げない、子供のような人間ばかりであった。とはいっても、天真爛漫《らんまん》な可愛《かわい》い子供たちを想像してもらっては困る。恐ろしい悪童ばかりだ。

当時のマイクロソフト社員の逸話はいくつか紹介したが、エネルギッシュという言葉で済ますには過激すぎた。活発な議論といえば聞こえは良いが、ヒートアップして口からでてくるのは、ほとんど罵詈雑言《ばりぞうごん》ばかりであったし、取っ組み合いの喧嘩《けんか》に発展することもある。当時は苛烈《かれつ》なシェア争いのさ中にあり、日本のソフトメーカーとは左手で握手をしながら右手では殴り合っているような状況であったが、社内もほとんど同じことであった。蛇足だが、今のマイクロソフトにはＭＢＡ取得者が数多くいるらしく結構なことだが、昔は高卒だろうが学歴に関係なく、すべてが一芸入社状態だったのである。

そしてこのような状況にあったのは、なにもマイクロソフトだけだったのではない。黎明期《れいめいき》のＩＴ業界は、こういった人たちで埋め尽くされていたのだ。当時、総合電気メーカーの中でＩＴ部門に配属された人材は、大企業のモノサシでは落ちこぼれとされたといっても過言でない人たちであった。しかし、彼らほど仕事へ熱心に打ち込み、それでいて趣味にも多才で、人間味のあるキャラクターもそういないと思わされたのだ。

このような大人げない人材の集団が、その好奇心と行動力によって、手探りながら日本の名目ＧＤＰの１割を担《にな》う大産業を作り上げていくことになる。

もちろん情報通信産業の成長は、そのイノベーションとしての重要性を考えれば当然のことだと言える。しかし、この産業の発展を渦中《かちゅう》で見てきた人間の一人としては、彼らのような型破りな人材が豊富だったからこその結果であったと信じているのだ。

昨年のことである。オリコンから「高校3年生に聞いた将来やりたい仕事ランキング」というものが発表されていた。その結果は、1位「タレント・俳優」、2位「ヴォーカリスト」と続いたが、その後4位として待ち構えていたのが「システムエンジニア」で、私は少しばかり驚かされた。よくよく見れば7位にも「WEBエンジニア」がランクインしている。3K（きつい、帰れない、給料が安い）と揶揄《やゆ》されたあの業界のエンジニア職である。

思えば私がこのIT業界への興味をだんだんと失い、マイクロソフトという会社まで離れる決意をしたのも、こういった世間の流れとまったくの無関係ではない。肥大化したこの業界は、真っ当すぎる大人たちでいつのまにか溢《あふ》れかえってしまった。そしてマイクロソフトも、企業規模が巨大化する中で、残念ながらこの影響を完全には免れなかったのだ。

時に、「学生の就職人気の高い企業は危険だ」といわれることがある。もちろん何の根拠もないのだろうが、先に述べたような意味で、私はこのジンクスを信じざるを得ない。安定した会社、入社するだけで幸せになれそうだ、などといった理由で、入社を希望するような人たちの集まる会社・業界では、今後の成長は望まれないと思ってしまうのだ。

やはりビジネスの世界でも、自分の能力には、一見して釣り合わないようなリスクの高い仕事に挑戦しよう、という気概が重要だと思うのである。

グーグルは子供のままでいられるか

本書を読んでいる人たちの中には、ウェブサイト検索のために、グーグルのサービスを利用している人も多いと思う。検索エンジンが数ある中で、なぜグーグルなのであろう。その理由を考えたことがあるだろうか。

グーグルは、日本でのサービスを開始して以来、日本国内における検索エンジンのシェアを伸ばし続けているという。現在では、シェアトップであるＹａｈｏｏ！ ＪＡＰＡＮに次いで、第2位という状況が続いているようだ。

しかし、グーグルを利用しているユーザーたちが、冷静にサービスやその技術を評価しているかといえば、そうではないと私は考えている。一般的なユーザーには、検索エンジンの優劣を考えることは難しいと思われるし、そもそも検索エンジンのアルゴリズムは、一部を除いて公開されていないのである。

誤解を恐れずに言うが、多くのユーザーにとって、グーグルを使い始めた理由は、「なんとなくグーグルがすごいと聞いたから」という程度のものではないか。

「グーグルの検索アルゴリズムには、ページランクという優れた概念が導入された」

だとか、「高度なグリッドコンピューティング技術により、大規模なインデックスの作成を可能にした」などと、技術面の優位性について言及されることは確かに多い。しかし、これらを理解することはなかなか難しいことであるし、他の検索エンジンと念入りに比較しないことには、体感もし難いと思う。グーグルが広く利用されるようになった理由を、単にその技術力の高さだけに求めるのは、若干の無理があるように思われるのだ。

もちろん、グーグルこそが検索エンジンの分野において、最も高度な技術をもつ会社であることは、正しいのかもしれない。今現在に関して言えばおそらく正しいだろう。しかし、この共通認識ともいえるイメージが作り上げられる過程では、客観的な評価だけではない何かが、その後押しをしたのではないかと思えてならない。

この何かには当然、グーグル自身のＰＲ戦略や、彼らを取り上げたメディアの影響力が含まれるであろう。グーグルの「すごさ」が一般に語られるたびに、そのイメージは雪だるま式に増幅していった。しかしここで考えたいのは、このイメージを形作った最初の一押しは何か、ということである。

それは、グーグルの持つある種の純粋さに引き寄せられ、「この会社はすごい」「これこそが世界最高の検索エンジンだ」と叫びだした人たちの声だったのではないだろうか。

グーグルが広く一般に知られるようになる前のことだが、当時、グーグルの語り部とも思われるような人たちが、確かに存在したように思う。彼らは技術を理解する素養を持ち、グーグルを技術面から評価し始めたが、すぐにそれを超えてこの会社のファンになった。「世界中の情報を組織化する」と臆面《おくめん》もなく語る創業者の若者二人に、心酔してしまったのだ。

このような支援者たちが、ことあるごとにグーグルについて語り、周囲を巻き込み、さらにメディア露出のきっかけを生み出していったことは容易に想像できるだろう。彼らにとってグーグルは、人に話さずにいられない会社だったのだ。

そして彼らを惹き付けた純粋さとは、もちろんグーグル自身が掲げる「世界中の情報を組織化する」という使命に対するものだろう。小さなガレージの中で生まれたグーグルという会社。そこから発信された若者たちの壮大な夢は、いまなお多くの技術者をとらえてやまないのだ。

ここで、グーグルの二つのチャレンジに触れておきたい。動画共有サイト「ユーチューブ」の買収と、書籍のデータベース化への取り組みである。

「ユーチューブ」は、言わずとしれた世界最大の動画共有サイトだ。2006年10月にグーグルがこのサイトの買収を決定した時点で、すでに世界最多のアクセス数を誇る動画サイトであった。そして同時に、このサイトは、最多の被訴訟件数を抱える動画サイトでもあったはずだ。

M&Aの世界では、会社の買収を考えるとき、対象会社の抱える訴訟リスクを注意深く見積もって意思決定を行うものだが、これほど大規模な訴訟リスクを抱える事例も珍しかったのではないか。当時の報道によると、グーグルは、この訴訟対策として2億ドル以上の預託金を用意したという。こういった会社を買収するには、過剰な自信と勇気が必要だ。

また書籍のデータベース化とは、グーグルが2004年から著作権者に無断で進めている壮大な計画である。世界中の書籍をスキャンしデータベース化することで、書籍検索などに利用しようとする試みだという。現在のところ、この計画は途中段階であるものの、すでに日本の著作権者たちからも強い反発を受けているようだ。

もちろんグーグルは、これらの取り組みに存在するリスクを承知しているはずだ。ところが、リスクというものは、完全に数字として算定できるようなものではない。どんなに丁寧なシミュレーションを行ったところで、最後は、どうしても予想のできない部分を飲み込んでしまわなければならないのだ。

しかし、グーグルは恐れていないように私には見える。彼らは、ただ純粋に自らの使命に向かっていく姿勢を保持しているのである。分別のある大人では、尻込《しりご》みをしてしまうような大きな決断を重ねてきたはずだ。これらは、グーグルが子供のような単純さとエネルギーをもって、ただ一点だけを見つめているからこそ、可能であった決断なのではないかと思えるのである。

こうした真《ま》っ直《す》ぐで大人げない姿勢こそが、グーグルの原動力なのだろう。

なお余談ではあるが、グーグルが商標登録をしている「ページランク」概念の「ページ」とは、ウェブページのページと、創業者の一人であるラリー・ページのラストネームをかけたものであるという。なるほど、大きなイノベーションを生みだすような会社ほど、こういった小さな遊び心を忘れないものなのである。

日本の大企業に大人げなさはあるか

ソニーは、かつてかなり大人げない企業であった。この会社は、今でも企業ブランドに関するランキングには、必ずと言っていいほど上位に位置づけられる。ソニーが日本を代表する企業であることは間違いないだろう。

さてその昔、ソニーには、エスパー研究室という超能力を大真面目《まじめ》に研究する組織があったのをご存知だろうか。この組織は、ソニーに最も勢いのあった１９９０年代に、創業者である井深大《いぶかまさる》によって設立されたそうである。名前にはかなりオカルトが入っているし、こうした超科学分野にはいろいろな意見があるだろう。それでも私は、このような挑戦については好意的に見ている。勢いのある企業の中に大人げない人がいない限り、こうした取り組みは不可能だと考えられるからだ。事実、この時期のソニーは、「プレイステーション」「サイバーショット」「ＭＤ（ミニディスク）」などのヒット商品を連発していたのだ。

また、このソニーに「クオリア」や「アハ体験」で一躍有名となった脳科学者の茂木健一郎が所属することは、面白い事実だと思う。脳科学もまだまだ未知の部分が多い分野である。こうした未知の分野に挑戦するDNAが、ソニーには息づいていたのではないだろうか。

もちろん、エスパー研究室という、過去の限られた時代に存在しただけの組織をもって、ソニーという企業全体の評価を行うわけにはいかないだろう。しかし、近年のソニーの凋落《ちょうらく》ぶりを見る限りにおいては、かつての大人げなさを失いつつあることが無関係ではないと思えるのである。ウォークマン一つをとっても、今の戦略は、軽量化や音質の追求といった、いかにも大人の発想なのである。ウォークマンが初めて登場したときのような、大きな衝撃を社会に与えるためには、かつてのやんちゃぶりを取り戻す必要があると思う。

また、「ホンダ」ブランドを掲げ、日本を代表する自動車メーカーである本田技研工業も、大人げないところを持つ企業である。創業者の本田宗一郎《そういちろう》は、ホンダ技術者の目標を、鉄腕アトムとUFOの開発に置いたという。ASIMOはホンダの鉄腕アトムなのだろう。創業者の大人げなさは、まだこの会社の中に失われてはいないようだ。ちなみに、ホンダは縁故採用を決して行わないことや、歴代の社長が、すべて技術畑出身者から選ばれていることでも知られている。これだけでも、大企業としてはかなり大人げない部類に入るだろう。

さて、ソニーとホンダは創業者について触れたが、他にも大企業には大人げないトップがいるところもある。たとえば、大塚商会の大塚裕司社長は、私の出会った人物の中で、最も大人げない人の一人である。

大塚商会は、言わずとしれた日本のシステム販売会社の大手である。大塚裕司は創業者である大塚実の長男だが、2代目のお坊ちゃま社長をイメージしてはいけない。2001年に、彼が社長に就任した翌年からは、5期連続の増収増益を達成しているのである。業界では「神のごとき大塚裕司」とまで言われている。

彼による最大の成果は、全業務の徹底的なコンピュータ化だ。今でこそ、顧客管理ソフトなどを使って、販売状況を細かに管理することが多くの企業に浸透しているが、これをいち早く始めたのは、大塚商会であったはずだ。さらに、大塚商会は営業そのものにも革命を起こしている。それまでは、企業がコピー機などのリースを検討する場合には、いちいちメーカーごとの見積もりを一つずつ取り寄せる必要があった。しかし大塚商会では、ネットワークを利用し、営業マンがメーカー7、8社の見積もりを、瞬時に提供することができるようにしたのである。こうした一連の大改革により、業績がうなぎ上りになると同時に、残業時間が大幅に軽減されたのだという。

さて、こう書くと、一転してやり手の社長像が浮かんできたかもしれない。もちろん、やり手であることには間違いないが、素の大塚裕司は、とても子供のような人物である。彼は小学生の頃から、秋葉原に足繁《しげ》く通っているというパソコンオタクで、カメラ収集家のカメラ少年でもある。また、天才物理学者のリチャード・ファインマンと同じように、打楽器の名手でもあるのだ。数年前に、彼を私の会社の花見に招いた時には、即席の太鼓で盛り上げてくれたこともある。なんとも楽しい人なのだ。

会社において業務改革を行うことは、社内からの大きな抵抗を招くことになる。ましてやコンピュータ化を推進することは、営業マンにとって、今まで自由が利《き》いた部分まで管理されるようになることであるから、反発は必至だ。それでも、この改革を断行し、会社の業績を快走させることができたのは、大人げない大塚裕司その人だったからである。

日本人はおバカタレントがお好き

ここ最近、テレビをつけると、自らが〝おバカ〟であることを隠すどころか、ひとつの売りにして人気を博しているタレントを、毎日のように見かける。普段、バラエティ番組といったものとは縁のない生活を送っている私の目にも入るほど、こういったタレントたちの露出は多い。テレビに限らず、様々なメディアに登場するこの状況に、一部の人たちはお堅い頭を悩まされているのではなかろうか。

昨年頃から、爆発的に始まったように見えるこの「おバカタレント」ブームだが、実はこのようなキャラクターは、いつの時代にも存在していると言える。昨今の露出はあまりに多く、さすがに閉口してしまうのだが、日本人は潜在的におバカとして振舞う人たちが大好きなのだ。

例を挙げると、古くは狂言や歌舞伎《かぶき》のような日本の伝統芸能にも、おバカ・天然ボケとして描かれた役柄が多く登場する。とくに狂言においてこの傾向は顕著だと言えそうだ。太郎冠者《たろうかじゃ》といえば、日本人ならば一度は耳にしたことのある役柄であろう。狂言では、登場人物に固有名詞を用いないため、太郎冠者は現代風に訳せば太郎さんという、いわば一般庶民の代表として表現されているものだ。この太郎冠者は、演目の中で重要な役柄として登場するのだが、おバカなキャラクターとして設定されていることが実に多い。無知、いたずら好き、無計画、直情的、間抜け。この役柄は、狂言に登場する他のどの役柄よりも人間くさく、そして人々から親しまれる。日本を代表する伝統芸能である狂言は、おバカによってその世界が形成されているのである。

さらにさかのぼれば、日本書紀や古事記といった日本の神話に、スサノオノミコトという神が登場するが、実に子供のようなキャラクターとして伝えられている。記紀に登場するそのほかの神々の言動は、概して端正なのだが、人々の人気を集めているのは、むしろ駄々っ子のようなスサノオなのである。ヤマタノオロチを打ち倒し、英雄となる前のスサノオは、亡《な》き母を思いメソメソし、数々の狼藉《ろうぜき》を働いて周囲に迷惑をかけてばかりいた。感情に走りがちで思慮も浅いが、なんとも人間味あふれる泣き虫な神様だったのである。

話を現代のおバカタレントに戻そう。テレビで見かける彼らの最もわかりやすい特徴は、圧倒的に無知であるということだろう。「羞恥心《しゅうちしん》」という人気グループも、元をたどればクイズ番組での珍回答が、今回のブームの火付けとなったようだ。しかし、彼らの人気に秘訣《ひけつ》があるとすれば、それは無知が生むとぼけた発言ではなく、己の無知を隠さない、その素直さにあるのではないかと私は思う。

人間であれば誰しも、一般常識とされる範疇《はんちゅう》のことでも、知らないことぐらいはあるものだ。しかし知らないことがあるのは、大人の世界では恥ずかしいことだとされる。大人であれば、知らない一般常識に出くわしたときにも、すまし顔でやり過ごす。

一方で、おバカタレントたちは、本来ならば隠さなければならない無知な部分を臆せず露呈して笑いを誘う。もちろん彼らは、一般常識から欠け落ちた部分が、人よりも随分多いのだが、知識人を気取って、何もかも知っているかのように振舞うタレントたちよりは、見ていて気持ちがいいのも確かである。

日本では、これほどの人気を博しているおバカキャラクターだが、アメリカで同じことをやったところで、こうはいかないはずだと私は思う。理由は単純である。かなり多くのアメリカ人が、おバカキャラクターと同程度の知識さえ持ち合わせていないからだ。アメリカにおいて、日中からテレビにかじりついているような惰性的テレビ視聴者の知性は、「羞恥心」以下なのだ。同じことをアメリカでやろうとすると、無知からくるおバカ発言をおバカと認識させることが難問としてふりかかってくる。まさかと思うならば『アメリカ人の半分はニューヨークの場所を知らない』（町山智浩著、文藝春秋）という本を読むといいだろう。言うなれば、日本人はアメリカ人と比較して、おバカを愛する余裕を持っているということなのだ。優越感に浸るわけではないが、存分におバカなキャラクターたちを楽しもうではないか。

さて、ここまでおバカおバカと連発してきたが、世間を賑《にぎ》わすおバカタレントが、単なる馬鹿《ばか》でないことは当然だ。頭には「愛すべき」と形容詞がつく。無知であることが演技なのか、本気なのかは私にはわからないが、底抜けに明るく大人げないキャラクターと相まって、見ていて飽きない人たちなのである。暗いバカなど金をもらっても見たくはない。

もちろん、日常生活であなたが故意におバカな振舞いをすることはお勧めできない。とくに、ビジネスの世界で己の知性をわざと下げて見せるなどは、もってのほかだ。知らないことを認め、学ぶ姿勢を見せることは大変に重要だが、それとは別の話であろう。

一方、プライベートにおいては、とぼけた一面を見せることで好感を得られることがあるかもしれない。しかし、こういったキャラクターを演技でつくりだそうとすれば、おそらく相当に高度なテクニックのはずだ。テレビ番組という特殊な状況ならば成立するものでも、日常生活では、わざとらしく命取りとなる。私たちにできることは、彼らのバカさ加減を眺めて気楽に楽しむことぐらいなのかもしれない。

ネオテニーという進化論

この項では、少しだけハイブローな話題に触れてみようと思う。自分の知識をひけらかしたがるのも、大人げない人の特徴である。少し取っ付きにくいと感じるのであれば、読み飛ばしてもらってかまわない。読書は、自分の好きなところだけ読めばそれでいいのだ。ここでのキーワードは「ネオテニー」である。

あなたが、自分とチンパンジーの大人を見比べれば、当然ながらはっきりとその違いを認識することができるだろう。一方で、チンパンジーの子供と人間の子供は、外見的特徴が驚くほど似ていることをご存知であろうか。もちろん、それらの見分けはつくであろうが、なかなか興味深い事実である。

チンパンジーは成体に近づくに従い、額と顎《あご》が前方に隆起するように発達し、私たちがイメージするところの類人猿らしい顔つきに変化していく。しかし幼形のチンパンジーの骨格は、ほとんど人間のそれと変わらないのだという。研究者の中には、チンパンジーが子供のまま進化したことで、ヒトになったと考えるものもいたようだ。

さて、冒頭で取り上げたネオテニーという言葉の説明をしよう。この言葉は、動物が胎児や幼児の持つ特徴を保持したまま成長する過程を指したものであり、日本語では、幼形成熟や幼形進化などと訳される。もともとは、1884年にバーゼル大学の動物学教授であったユリウス・コルマンによって、イモリなどの動物が、幼形のまま性的に成熟する変態過程を表現するのに用いられたのが、初めとされているようだ。

文献を繙《ひもと》くと、このネオテニーという過程は、次第に一部の研究者の間で、動物全体の進化要因において重要な役割を果たすものだと考えられるようになったという。彼らは、チャールズ・ダーウィンの提唱した自然選択説、いわゆる自然淘汰《とうた》の考え方は、一つの有効な説明であるものの、それだけで進化を説明するには不十分であると考えた。漸次的な進化を仮定する自然選択説では説明が困難であった新しい型の、急な出現といった現象に、ネオテニーの概念から、論理的な説明を与えようと試みたのだ。ここに、ネオテニー的進化論が誕生する。彼らは、幼児の特徴を保持するネオテニーが、進化形態の一つであると論じた。

この際、彼らの考えたネオテニーの優位性とは、主に成長の遅延とされていた。つまり幼形進化とは、動物が未熟である期間が延長されるような変化を指したのだ。そして、この成長の伸び代《しろ》こそが、進化上、より大きな柔軟性の源泉となったと考えたのである。

さらに1920年代になると、アムステルダム大学の解剖学教授であったL・ボルクは、人類の進化過程に対し、踏み込んだ考えを発表する。本項の冒頭で取り上げたように、今日のヒトが持つ身体的特徴は、他の霊長類の胎児的特徴の存続であると論じたのだ。ここで初めて、ヒトはチンパンジーのネオテニーだという大胆な説が提唱されたのである。

ネオテニーに関連する学説については、現在も議論の最中のようだ。

私は専門家ではないから、これらの学説を評価することも、議論に加わることもできない。しかし、子供の期間、つまり成長可能な期間を長くすることが、人類の進化と発展につながったということであれば、この考え方を支持したいと思う。人間が、他のどんな生き物よりも未熟な期間が長いという事実にもかかわらず、今日の発展をなし得たことを考えれば、納得がいくのではないだろうか。

ここで、現代の社会活動に即した考え方をすれば、成長可能な期間とは、学習可能な期間と考えることができると思う。過去のネオテニーの研究者は、これを教育可能な期間と表現している。とかく人間の発展は、長い歴史の中で少しずつ蓄積された知識の上に成り立っているのだから、学習可能な期間が長く要求されることは当然と言える。

人間は、実験に基づく科学的方法を確立して以来、それ以前とは別次元のスピードで、知の蓄積と継承を進めてきた。こうした知の生産は、人間の長い学習期間に支えられているのだ。たとえば、私たちがわずか10歳たらずで、通常の人間の50歳に相当する程度まで学習能力や記憶力が低下するような動物であったら、現代の複雑な学問には対応できないはずである。

そして今後も、私たちが新たな発見を継続し、知識を積み上げていくのであれば、さらにこの学習期間を長くする努力をしなければならないだろう。これまでに得た、わずかばかりの知識や知恵に満足していてはならないのである。

子供のように、好奇心や柔軟性、何かを学ぶことへの意欲を保持することが必要だ。

しかし現実では、人は社会生活を営む中で、大人として成熟していくことを目指している。大学を卒業すればもう一人前で、あらかたの知識を得たのだと錯覚することさえあるかもしれない。そういった人は変化を拒み、知らないことにたいする嫌悪感《けんおかん》すら持ち始めるのだ。

これまで、ヒトの体は気の遠くなるような長い年月をかけて、現在の形にたどり着いた。私たちは、少しでも子供としての未熟な状態を長く継続させるため、絶え間ない変化を受け入れてきたのである。このことを忘れてはいけない。

ネオテニーに関する鋭い考察を残したJ・B・S・ホールデンは、次のように述べている。

〝もし人類進化が過去と同じ方向に継続するなら、未来の超人間の成長は、われわれよりも遅く、教育されうる期間も延長されるであろう。彼等は、われわれの多くが幼児の間に失ってしまう特徴を、成人まで保持するであろう。うすぐらい監獄ですら、彼等をじっとさせておくことはできないであろう。彼等はわれわれより多分賢いが、落着きや厳しさに欠けるところがあるだろう〟

大人になるということは、自ら成長の歩を緩めてしまうことになりかねないのである。こうならないためには、どうすればよいか。すでに繰り返し触れているが、大人げなさこそに、そのヒントがある。

大人げなさが作り出す80兆円市場！

数年前から、子供の頃の趣味であったプラモデル作りを本格的に再開した。一口にプラモデルといっても、飛行機や戦車などのミリタリー、鉄道、自動車、ガンダムなど、さらに細かくすれば数え切れないほどの種類がある。この一つ一つに専門家がいて、一つのジャンルでもそれなりのレベルになろうと思えば5年では足りない。私のように通算10年にも満たない身で本格的と言ってしまっては、先輩諸氏の怒りをかってしまうかもしれない。

中でも俳優の石坂浩二は、模型歴が50年以上という筋金入りのプラモデラーだという。よくよく考えれば、日本にプラモデルが登場したのはつい50年ほど前のはずだから、彼は日本の模型の誕生から、その歴史と共に歩んでいることになる。いやはや、それでは敵《かな》うはずもないではないか。

そんな彼は、これから仕事を離れる世代のプラモデルへの出戻りを手助けしたいと、「ろうがんず」という同好会を発足したそうだ。その名前には、老眼鏡が必要な年になってもプラモデルを気軽に楽しもう、という意味が込められているのだという。確かに団塊の世代の前後には、隠れプラモデルファンが大勢いるはずだから、こうした取り組みは面白い。

ちなみに、日本を代表するサブカルチャーであるアニメの大家、宮崎駿《はやお》も無類の模型好きだと聞いたことがある。石坂浩二と同い年の彼が作中で描く飛行機や戦車が、プラモデルファンの心を捉《とら》えてやまないのは、こうした理由があるからなのかもしれない。

さて、こうしたサブカルチャーの良さは、何と言っても、素人《しろうと》が主役になれる可能性があるところだと思う。メインカルチャーでは、一握りの天才しか一流の作り手にはなれないが、サブカルチャーであれば、素人も10年ほど修業を積めば発信する立場に回ることができる。こうした特徴は日本人がとても好むものなのだ。

文学評論家である江藤淳《じゅん》が、アメリカ人の友人に、「これから郵便局職員の文芸コンクールの審査に行く」と言ったところ、とても驚かれたという話がある。アメリカ人にとって文化というものは、一部のエリートだけが作り手になれるものだという意識があるから、「日本ではポストマンが小説を書くのか」となるわけである。

日本を見回すと、こうした素人の発表の場が沢山ある。保険会社が主催するサラリーマン川柳や、新聞社による写真コンクール、近年話題になっているケータイ小説など、挙げればキリがない。日本人は発信したがりの民族なのである。

ちなみに、川柳とは、このお題を作る前句師であった柄井《からい》川柳という人の名前が語源となっている。彼が活躍した江戸時代の川柳は、江戸川柳と呼ばれ、今で言う雑誌のクロスワードパズルのようなもので、何十万人という大衆が応募するほどの人気があったという。応募者は句料と呼ばれる応募料を添えて、自らの作品を送るのだが、入選すれば多額の賞金が得られたそうである。これによって柄井川柳も大もうけしたというから、この時代から大衆レベルの創作意欲はすごい。

ところで、時代は変わって現在のところ、最も日常的な発信の場となっているのはブログであろう。このブログの世界でもまた、日本人の活動は目覚しいのだ。ブログ検索の米国テクノラティ社が行った調査によると、２００７年に日本語ブログはその投稿数において、英語のものを上回って世界一になったというから驚きである。英語を母国語とする人口は、日本語の5倍はいたはずではなかったか。

このように、日本人の根底に発信する欲望があるからこそ、サブカルチャーが発達しやすいのだと思う。音楽や文学、絵画といった既存のメインカルチャーでは、どうしても限られた人しか活躍できない。だから新しい表現の場としてサブカルチャーは有望なのである。しかも、歴史を振り返れば、こうしたサブカルチャーはよほど破壊的なものではない限り、やがてはメインカルチャーの一つになっていくのだ。

さて、この項の見出しにある80兆円とは、団塊の世代が手にする退職金の推計である。いくつかのシンクタンクでは、大きなビジネスチャンスだとして、この行方に注目しているようだ。仕事一筋だった人間が、突然やることを失った時には、すかさず何か与えてやればお金を落とすだろうと期待しているのである。ご丁寧にアクティブシニアなどというマーケティング用語までつけて、いいカモにしようとしている。

しかし、団塊の世代といえば、ものづくりの申し子として日本の成長を支えてきたという自負を持つ人間の集まりである。そんな人たちが、旅行やスポーツ、料理など、企業がメニューとして提供するような趣味に熱中し始めるとは、どうしても考えられない。彼らが持つ子供っぽさを振り向けるにふさわしい主役になりえる場所を、どこかに探すはずだと思うのだ。こういう人たちは、おそらく自分たちのことをシニアと呼ぶ人がいたら怒りだすだろう。日本人の根底には、必ず大人げなさがあるはずなのである。

第2章　大人げないとはどういうことか

夢中になることが最高の才能

通常、大人げないという言葉は、思慮分別がないことやばかげたことを指し、ほとんどの場合、あまり褒められた意味では用いられない。しかし、この大人げなさこそが生きるうえで重要な要素であり、かつ誰もが内に秘めた資質なのである。

では、望まれる大人げなさとはどういうものだろうか。まず挙げられるのは、物事に夢中になる、ということだ。夢中になることを意識的にコントロールすることは不可能である。だから、夢中になれることに出会えたならば、その幸運に感謝しなければならない。

そしていったん見つけたら、それがどんなに小さなことやくだらないことであっても、大事にするべきである。たとえば私の場合、読書以外で心底夢中になってのめり込んだものの一つに、ファイナルファンタジーⅪというオンラインＭＭＯＲＰＧがある。ＭＭＯＲＰＧとは、インターネット上で数千人のプレイヤーが協力しながら冒険を楽しむゲームのことだ。

これを、たかがゲームと侮《あなど》ってはいけない。オフラインのゲームであれば、単に閉じた空間に過ぎないが、このゲームは、膨大な数の生きたプレイヤーが作り上げる仮想世界なのである。そこには、現実世界にも似た経済活動が存在し、人間同士の駆け引きや複雑なコミュニケーションが生まれるのだ。

私が最もハマっていた時期には、起きている時間のほとんどすべてを、このゲームに注ぎ込んでいた。総プレイ時間は、２年間で６０００時間を超えるはずだ。会社にもあまり行かず、外界との連絡をシャットダウンしていたため、私の会社の社員たちは困り果てていたらしい。今となっては笑い話だが、当時、あまりに会社に顔を出さない私にしびれを切らした部下が、機転をきかし、ゲームの世界の通信機能を使って会議への召集連絡を取ってきたことがあった。彼は、そのためだけに会社にネットゲームの環境を整えたのだった。しかし、しばらくすると、このミイラ取りは自分もミイラになってしまったのだから元も子もない。

ここまで徹底したおかげか、いつしかこのゲームの世界で、私はちょっとした有名プレイヤーにまでなっていた。もはや周りの大人たちから見れば、いわゆる〝ネトゲ廃人〟の一歩手前である。しかし、スクウェア・エニックス社の社外取締役でもある私としては、当社の主力製品を吟味しているわけだから、文句を言われる筋合いはないのだ。

さて、ゲームはともかく、ビジネスに関してはどうか。実は私は、ビジネスなんてたかがビジネス、しょせん金儲《もう》け以外のなにものでもないとしか思えず、夢中とはほど遠いところにあった。ビジネスマンなんか、歴史に名を残すような人物は一人もいないのである。

しかし、そんな私も、いつしかそのビジネスに没頭していくこととなる。マイクロソフトにおいて、日本のOS市場でのシェア争いに身を投じていた時期に、このビジネスもゲームや戦争のようなものだと感じ始めたのだ。何を隠そう、私はちょっとした軍事オタクでもある。

日本におけるマイクロソフトの成功要因として、当時の製品がまずトヨタ自動車において全社的に導入されたことが挙げられる。トヨタ自動車という、産業ピラミッドの頂点を落としたことを皮切りに、そこから連鎖的な効果が発生したのだ。この効果はトヨタ自動車の取引先からまたその関係先へと波及し、シェアを拡大するに至ったのである。この時に私が考えていたのは、日本のOS市場という戦場において、まずトヨタという要所の砦を攻め落とすことで、市場全体の制圧を狙《ねら》うという作戦であった。これは、兵法において初歩中の初歩である。

そのほかにも、ライバル会社を敵国と考え徹底的に研究したり、将棋のように、相手側の重要な人材を何人も引き抜いたりしていった。部下の営業部長には、ライバル企業の同じ立場である人間の写真をデスクに置かせ、人物像から趣味嗜好《しこう》までそのすべてを調べさせた。これは、米国の潜水艦の艦長クラスが、戦時に実際に行っていたことである。水中では相手を目視することができないから、その人間性から敵の考えを推察しようとしたのである。このように考え始めると、ビジネスが心底面白くて仕方がなかった。

こういった攻撃的な戦略が功を奏したのは、業界全体が毎年2桁《けた》成長していた当時の特殊な状況があったからこそかもしれない。しかし、この戦争に夢中になった私は、自分では考えられないほどの力を発揮したのである。

結局のところ、この結果はどうであったか。ご存知のように、ウィンドウズは日本国内において圧倒的なシェアを獲得し、私は35歳にしてマイクロソフト日本法人の社長になった。自分を最大限に活《い》かしたいと考えるのであれば、夢中になれることを探すか、仕事自体を夢中になれるものに置き換えてしまうのがいい。

興味があれば何でもやってみる

前項で取り上げた夢中になることと同じくらい大事な、大人げなさの要素がある。それはタイトルにもあるとおり、興味を持ったことには何でも首を突っ込むということである。いや、夢中になることを見つけるには、まずチャレンジすることが必要であるから、むしろこちらの方が重要だといえるかもしれない。

ここでは、ある人物を紹介したい。マイクロソフトの元ＣＴＯであるネイサン・ミアボルドだ。ビル・ゲイツやスティーブ・バルマーと比べてしまうと、日本での知名度は低いのだが、マイクロソフトにおいては伝説的な社員の一人である。彼はマイクロソフトの研究部門であるマイクロソフト・リサーチを設立したことでも知られ、一時はスティーブ・バルマーではなく、ネイサン・ミアボルドこそがビル・ゲイツの後継者であると噂《うわさ》されたこともあった。

さてこのネイサンだが、マイクロソフトに来る前は、英国ケンブリッジ大学に宇宙物理学の研究者として在籍していたそうだ。そこでは、なんとあのスティーブン・ホーキング博士の弟子だったという、異色の肩書きの持ち主である。

そんな最先端の研究者が、どうしてソフトメーカーに来たのかと話を聞けば、何でも宇宙物理学の分野では、ホーキングに敵《かな》わないと思ったところですっぱりとやめてしまったそうだ。そこで、かねてから興味のあったプログラミングのプロジェクトに参加し、会社を設立したのだが、その会社がマイクロソフトに買収されたのであった。私が社長を務めていた日本法人も無茶苦茶な人間ばかりであったが、さすが本社には、負けず劣らずの変り種がいるのだと驚かされたことを覚えている。

私が初めてネイサンに会ってから数年後に、本社を訪れたある日のことである。出張の用件であったミーティングを終えると、本社のスタッフから食事に誘われたことがあった。彼らが妙にニヤニヤとうれしそうにしているのを見て、これは何かあるなと訝《いぶか》ったのだが、おとなしくシアトルにある有名フレンチレストランに連れられていった。そのまま何事もなく食事を終えると、そこで、なんとコック姿のネイサンが厨《ちゅう》房《ぼう》から出てきて、こちらに近づいてくるではないか。聞けば近頃は料理に凝っていてこのレストランのオーナーシェフになったというのだから、訳がわからない。

そして話はこれで終わらない。このまた数年後、私が自宅のテレビでナショナル・ジオグラフィック・チャンネルを眺めていると、見覚えのある顔が登場した。間もなく表示されたテロップにある名前に、自分の目を疑ったのだが、間違いなくあのネイサンである。しかも、今度の肩書きは古生物学者だ。調べてみれば、サバティカル休暇をとった後にマイクロソフトを去り、化石の発掘をしていたのだという。そして、現在では、インテレクチュアルベンチャーズというベンチャーキャピタルのCEOを務めている。宇宙物理学、プログラミング、フランス料理、古生物学、そしてベンチャー投資と移り変わっていったようだが、どうも一貫性があるようには思えない。

ネイサンの話はさすがに極端だが、このスタンスは大変に重要なものである。もちろん数々の分野でこれほどの成果をあげることができたのは、彼がまぎれもない天才だからであろう。しかし、そもそも自分の興味に従ってやってみようという気を起こさない限りは、何も生まれない。

多くの大人は、たとえ興味を引かれる物事を見つけても、自分で言い訳を並べ立てて手を出さないものだ。もう少し仕事が落ち着いたら、とか、何かきっかけがあればと考える。しかし、いつまでたっても仕事は落ち着くことはないし、そう都合よくきっかけが訪れることもない。

ここに大人げない人と普通の大人の違いがある。なにも会社を辞めろとは言わないが、少しぐらいの時間とお金であれば、捻出《ねんしゅつ》することは必ずできるはずだ。そうして始めの一歩が踏み出せるか踏み出せないかで、人生はまったく違ったものになっていく。

かくいう私ももちろん、時間とお金に余裕のない時代から、自分の心が赴くままあらゆるものに手を出してきた。読書に始まり、プラモデル、歌舞伎《かぶき》、ゴルフ、ジャズレコード収集など挙げればきりがない。このあたりの話は、本書でもこれから紹介していくが、書ききれない日々の話もブログにアップしているので、時間があれば覗《のぞ》いてみてほしい。

当然、まったくものにならなかったものも沢山あるのだが、それでも新しい仲間ができたり、話のネタになったり、無駄なことは一つもなかったと感じる。取りあえずチャレンジしてみたことで、成功したことも失敗したこともすべて自分の財産となっていったのだ。

平日は会社と自宅を往復するだけ、休日も自宅にこもって何もしないのでは、何かが起こることを期待しても無理な話である。そして、あなたを夢中にしてくれる何かが見つかるはずもない。

あまのじゃくの価値観

私の性格を一言で表すならば、あまのじゃくということになる。それも子供の頃の反抗期が延々と続いているイメージだ。気取って投資の世界の言葉を使えば、「逆張り」を狙っているとも言える。これも大人げない人に多い特徴だ。

私のスタイルの説明は単純である。自分より偉い人や強い人の意見をいったんはすべて否定していくのだ。もし、こうした人たちが自分と同じ考えを持っていたとしても、おとなしくしているのは気に入らないから、自分の考えを真逆に変えてしまう。偉い人が言うことは全部悪い冗談だ、そんなことあるわけがない、と自らを思い込ませ反対意見に回っていく。

なぜこのようにするのかといえば、権力を持った人の考えは、完璧《かんぺき》な独裁者でもない限り、民主主義の論理に沿って部分最適に向かうからである。乱暴に言えば、自らの地位を守るために自然と大衆に迎合していくのだ。そして、すべての意見を公平に扱おうとすれば必ずどこかで無理がでてくる。常々、平均から逸脱することが得だと考えている私としては、こうした論理に飲み込まれることは、耐えられないのである。

ところで、ベンチャービジネスを考えるにあたっては、このあまのじゃくさが重要だ。若者がラーメン屋やブティックを一軒だけ経営し始めたところで、ベンチャーとは呼ばない。ベンチャービジネスとは、権力や権威に反抗し、他人が無視しているようなものに己の人生を賭《か》けることである。これに価値が付加され、人を追従させることができると、そこに差益が生まれ大きな儲けを手にすることができるのだ。

2000年に、私がマイクロソフトの社長を辞任してからというもの、これまで何度もその理由を尋ねられてきた。そのたびに、相手が欲しいと思っているのと逆の答えを用意してきたのだが、本当の理由の一つは、当時どこを見回しても、全ての人がITの2文字を繰り返し叫んでいたからだ。ITバブルの絶頂期にあり、事業内容にこのアルファベットがない会社は、ほとんど投資が受けられないような状態であった。こうした状況に嫌気がさした私は、この業界を離れることを意識する。多勢に支配されたからには、もうダメだと感じたからである。

事実、私が社長を辞任してから2週間後に、米国マイクロソフトの株価は史上最高値を記録し、その後、ITバブルがはじけ飛んだことで暴落した。そして現在まで、当時の水準にまで回復したことは一度もない。

何もかもがこの調子で、私は人が「勉強しろ」といえば「勉強するな」と返すのだから、単に子供なだけといわれても仕方がない。しかし、こうした姿勢を崩さないのは、何も意地になっているだけではない。徹底的に逆のことを言うからこそ見えてくることが必ずあるのだ。

否定的な考えを持つためには、物事に対して「なぜ」と問い続けることが必要である。子供が「なぜ人を殺してはいけないのか」と問うのは、ある意味であまのじゃくな発想だ。子供に常識という言葉は通じないから、別の方向から説明を試みなければならない。

この別の方向からの説明、つまり見方を変えるということが重要である。そうすると、今まで無意識に正しいと考えていたことに根拠がないことがわかってくる。これをどんどん突き詰めていくと、いつの間にか周りには、あまのじゃくな人間だと思われているはずだ。あまのじゃくの考えは、あえて否定することで意見対立の核心に迫っていくから有用なのである。これは物事の本質と言い換えてもよい。

あまのじゃくな人は、「わざと」相手の意見を否定するのだから、なかなか大変なものである。「なぜ」を生み出すためにはそれなりの発想力がいるし、相手に嫌われてしまう可能性もあるから勇気が必要だ。しかし私が思うに、常になぜと考え続けることで奇抜な発想が生まれてくる。そして、こういった考えは、多くの人に嫌がられるかもしれないが、１割ぐらいの人は必ず面白がってくれるものなのだ。こうした変わった人たちを味方につけるのが、私の戦略なのである。確実にこうした１割の方が、より自分にとって付き合って楽しい集団だと断言できる。

おそらく、あまのじゃくがもっと増えれば、世の中が多数派と少数派に二分されてしまうのではなく、こうした１割の集団が重層的に沢山存在するようになるだろう。否定が否定を呼び、意見が分裂増殖していくのだ。きっとそのほうが様々な人が異彩を放つことができる面白い世の中だと私は思う。

知らないことは強みである

読書をライフワークとする私が、こんなことを言うとおかしいかもしれないが、無知であることは強い、と本気で考えている。物事を知らな過ぎることもそれはそれで問題なのだが、特定の知識がないことで自分を卑下したり、引っ込み思案になってしまうことは避けるべきだろう。自らの無知から自然と涌《わ》いてくる疑問に従えば、常識とはまた違った答えに到達できることがある。

たとえば、私は大学を卒業した後に自動車部品会社に就職したのだが、この会社がすごかった。まだ設立間もない時期だったので、私が入社した時点で、文科系の社員は自分と社長の二人だけ。その社長はもともと船舶会社の営業部長で、自動車業界には中途入社した人物であったし、私も入社したてで右も左もわからない。とんだ素人《しろうと》集団だったのである。

この会社は、日産自動車の系列会社だったのだが、学生の頃の私はビジネスにほとんど興味がなく、日経新聞も読んだことがないレベルであった。だから系列といわれても、何を意味するのかがわからない。それでもトヨタ自動車の名前ぐらいは知ってているから、「なぜうちの会社は日産には納めていて、トヨタとは取引がないんだろう」と不思議に思い、上司になんの相談もせず、電話をかけて営業してしまった。上司に対しホウレンソウのホの字も出てこない性分は、その後もまったく直らなかったのだが、自分が上に立ってからも、部下に対し報告を求めることはなかったのだから大目にみてほしい。

さて、この若造はなぜか電話でアポが取れてしまい、単身トヨタ系列の部品メーカーを訪問することになった。通常であればけんもほろろに追い返されるか、相手方も意図がわからず困惑してしまうことだろう。しかし、このとき先方の担当者はひょいと会ってくれて、こちらの話もまともに聞いてくれた。そして、なんと試作品の発注までしてくれたのである。これは、おそらく日本の自動車業界で最初の、系列を超えた取引だったのではないだろうか。事後になって初めて会社に報告したとき、一体こいつは何を言っているのだ、という上司の顔がそこにあった。

もちろん、これは運のよかった例である。その後、同じ会社で購買を担当していた頃、鉄板を仕入れようと新日鉄の室蘭製鉄所に行ったときには、さすがに断られた。製鉄メーカーが、超小口の発注に直接対応をするわけもなく、商社を通してくれと至極当然のことを説明されたのだ。この失敗談も、今では講演を頼まれたときに会場のお客さんを苦笑させ、本題を始める前に、いくらかリラックスしてもらうのに役立っている。

さて、トヨタとの一件ではたまたま良い結果が出たが、もし断られたとしても、この業界における系列というものが何なのか、経験を持って理解することができただろうと思う。業界知識が少しでもあれば、「常識的に取引がなくて当たり前」と考えるところだが、実際はそうでなかった。その後には、日産グループを中心とした系列関係をゆるやかに解体し、部品メーカー自立の道を模索していくことになったのである。

このように、知らないことが新たなチャレンジにつながることは往々にしてある。当人としては、それほど大それたこととは考えないのだが、業界知識や常識でこり固まった人たちからみれば、思いつきもしないことなのだ。こうした挑戦は、成功する前は無謀な素人考えとされるが、結果を出してしまえば一転、革新的な取り組みだったと評価されることになる。

さらに付け加えれば、知らないことは楽しいことでもある。ゲームをやるときに、必ず攻略本を見ながら、逐一書いてあるとおりに進めるという人がいるが、それでは何が楽しいのかまったくわからない。せっかく現実世界ではありえない未知の世界を冒険するのに、なぜそれを楽しめないのだろうか。

自動車部品メーカーで購買を担当する前に、雑務としてテレックスというメールシステムを使った連絡係をしていたことがあった。上司が書いたものをただ入力するだけの仕事である。1年ほど、毎日1、2時間この単調作業を続けていたが、決して飽きることなくそれだけで楽しかったのを覚えている。

当時は、まったくの無知な若者で、世の中にどんな仕事があって、何が面白くて何がつまらないのかなど、およそ知らなかった。だからこそ、単純ではあるが初めての経験であるこの仕事を、面白いと感じることができたのである。実のところ30歳になるまで、高級官僚になるための上級職試験があるということさえ知らなかったのだから、会社に入ってやってみたことは、伝票処理でも何でも新鮮であった。

しかし、今では大学生のくせに何でも知っている人が増えて、やる前からこの仕事はつまらないだとか、これは面白いと判断しようとしてしまう。どんな仕事でも突き詰めればどこかで単調な部分が出てくるものである。こうした考えでは、テレビ局でバラエティ番組のディレクターでもやる以外に、飽きない仕事などない。無知であることは強く、そして楽しいのだ。

クリエイティビティを生み出すおバカ

クリエイティブ・クラスという言葉がある。これは、米国カーネギーメロン大学のリチャード・フロリダ教授が提唱している新たな階層を指すものだ。簡単に表現すれば、「創造性を発揮することで各分野を動かすコアとなる人たち」のことを言う。これまでの職業階層に関するベーシックな考え方である、ブルーカラーとホワイトカラーの二分構造に、もう一つの階層が加えられているものだと考えてほしい。

この言葉の良し悪《あ》しはさておき、日本では、人口という最も基礎的な経済要素の伸びが打ち止めとなってしまったから、ビジネスの世界において、創造性がより重要性を増していることは間違いない。すでに創造性は、アートやエンターテインメントなど特定の分野だけで求められるものではなくなっている。ビジネスの拡大はおろか、現在の事業規模を守るだけでもクリエイティビティが必要とされるのである。

ではクリエイティビティは、どこからやってくるのか。新しいことを生むこの力の源泉は、なんと言っても「おバカ」であることだと思う。おバカとは言い換えれば、他人とは異なる論理や表現、感覚を持つことである。これはクリエイティビティの本質だ。

アイデアマンとされる人たちと話をしていると、必ずといっていいほど、あきれてしまうようなバカ話が山ほど出てくる。たいていは、当人が先走ってやってしまった笑える失敗談なのだが、こうした「おバカ」なことを100も考えると、そのうちの1つか2つぐらいが、なぜか大衆にも受けてしまって結果を残した、というケースである。

最近では、アイデアを出すためのブレインストーミングという種類の会議があるが、一番いいやり方は、思いつく限りのバカ話をひたすら言い合って、ただ笑っていればいいだけである。そこで出たアイデアの中から、これならなんとかやれそうだ、と思えるものを選べばいい。そして選ぶにあたっては、なるべく普通の人をメンバーに混ぜることもポイントかもしれない。おバカなアイデアから、一般に受け入れられそうなものを見つけ出してもらうのだ。バカ話と対極にある市場調査や事例研究などは、偉い人を説得するために後付けとして使えばそれでいい。それ自体が面白くもなんともない会議から、面白いアイデアが出てくるとは到底思えないのである。

さて、私がクリエイティビティに溢《あふ》れているなと思う人たちのなかに、藤巻幸夫《ふじまきゆきお》がいる。彼は、伊勢丹に勤務していたときに、「解放区」、「リ・スタイル」、「BPQC」

と数々のブランドを立ち上げて成功し、カリスマバイヤーとして有名になった人物である。坊主《ぼうず》頭にサングラスをかけた見た目が取りざたされることもあるが、それ以上に中身が個性的な人間だ。

その彼と一緒に飲んでいて、素直にすごいと思わされるのが、普通では思いつきもしない持論を延々と語ってしまうところである。あまり人の話を聞くのが得意でない、というか嫌いな私も、どんどん引き込まれ聞き入ってしまう。まとめてしまうとくだらない話でも、平気で2時間かけて語るのだから舌を巻くほどだ。

その彼の話を聞いていて真っ先に感じるのが、やはりこの人は自分の感覚に正直に生きているのだな、ということだ。周りが無駄なもの、余計なものだと言っても、自分が良いと思えばとことんこだわるのである。こうして追求していくと、その感覚はおのずと人とはずれていくのだと思う。それを誰が聞いても面白おかしくできるのは、この人の才能なのだが、誰だって本来持っている感覚が、人とまったく同じだということはない。しかし、多くの人はなんとなく周囲が良いとするものに流されてしまって、その感覚をないがしろにしてしまうからいけないのである。藤巻さんは、自分本来の感性に正直に生きる「おバカ」であって、そこから新しいものを生み出すことのできるクリエイティブな人なのだ。

子供は最強のセールスマン

マイクロソフトの社長に就任する前、私はこの会社においてOEM営業部長とマーケティング部長という役職を歴任した。マーケティングと営業・販売を混同している人がいまだに多いのだが、この二つはまったくの別物で、これらを明確に分けたうえでそれぞれを経験してきたことになる。

私のことを知っている人や、いくつかの著作を読んでもらった人からすれば、どちらかと言えば、マーケティングの人というイメージが強いかもしれない。マイクロソフトでは、値引きや過剰なサービスによる消耗型の営業活動ではなく、マーケティングによって、いかに「高く売るか」に知恵を絞ってきた。マーケティングこそが、企業活動において利益を生みだすのだと今でも信じている。

それと同時に、どんなビジネスや職業においても、営業力がないことには成功し得ないことも知っている。セールスマンは、売ること自体が仕事であるから、当然営業力が最も必要とされる。同じように企画部門の人間でも、自分の考えるプランを社内営業という形で説得しなければならない。管理部門でさえも、コンプライアンスのような、ほとんどの社員にとっては迷惑千万なものを導入するためには、営業力が重要になってくるだろう。そこにいくと、どうも理科系の人間は、営業は文科系にまかせておけばいいと考えている節がある。しかし、エンジニアも、自らの技術や新たな製品コンセプトを魅力的に伝えられないことには、日の目を見ることはできないのである。

断っておくが、ここでいうところの営業力とは、単にコミュニケーション能力のことだけではない。相手に自分の考えを伝えるだけでは不十分である。営業力とは、いかに自分の要求を相手にのませることができるか、その実現力を指している。

この営業力について考えていると、やはり子供は営業の天才だなとつくづく思ってしまう。子供は、自分の学歴やこれまでの実績をアピールすることはできないから、目をきらきらと輝かせながら延々とねだるしかない。しかし、そのうちに効果的な話し方や無意識の駆け引きをどんどん覚えてしまうのである。私の知る「物ねだり」の達人はアスキー創業者の西和彦《にしかずひこ》であって、彼はおばあちゃん子であったそうだ。実は私も同じなのだが、子供の頃からのトレーニングによって営業のコツを身に着けていたのかもしれない。論理的に説得を試みることよりも、ただ相手にせがむことの方がずっと効果的なことを学習しているのだろう。

先日のことである。私がホームとしているゴルフコースで、先輩会員の方からアドバイスをいただいたことがあった。彼のアドバイスを要約すれば、アプローチショットでスタンスを決める際、人はどうしても左足が前にずれてしまうから注意せよ、ということだ。本来であれば、ボールを中心として、狙《ねら》う地点とまっすぐ結んだ線と平行にスタンスをとる必要があるのだが、人は無意識のうちに自分を中心としてターゲットの方向を見てしまうから、ずれが生じるというのである。

ゴルフの時ばかりは、なぜか人の言うことを素直に聞いてしまう私は、そのとおりに意識して試してみると、驚くほど効果テキメンだった。アプローチショットが面白いほどグリーンに吸い込まれていく。さすがにこれは礼を述べなければならないだろう。

こんな時、普通であれば、「こんな良いことを教えてくれてありがとうございます」などというものだ。しかし、私はここでちょっと言葉を選ぶ。ニカッと顔を綻《ほころ》ばせ「今日はこんないい弟子を持てて、さぞかしうれしいでしょう」とやったのだ。その効果もテキメン、なんとも楽しいラウンドになり、その後も珠玉のアドバイスをいくつも頂いた。50半ばに迫った身であるが、少しばかりは可愛《かわい》いやつだと思ってもらえたのかもしれない。

このように、自分のことを売り込みたいのであれば、やはり自己中心的でなければいけないと思う。相手を褒めて媚《こ》びるのではなく、相手に自分を褒めさせることを目指さなければならないのだ。

同じように物を売るときにも、相手中心の「大人の目線」ではいけない。それでは、どうしても買う側には「買ってやる」という意識が芽生えてしまうのだ。こうなると、値引きや追加のサービスを断ることができず、ジリ貧に陥っていく。

こうならないために重要なことは、とにかく自分中心に褒めさせ、ねだることが重要である。「子供の目線」で、自分が褒めてもらうための仕掛けを用意することである。ビジネスも偉そうなことを言っても結局は、人間同士の好き嫌いが根底に根ざしているのである。「あいつに頼まれると、どうも断れないんだよな」と、思わせることができたら、あなたは最強のセールスマンだ。

常に主役になる子供

子供が生まれると、多くの夫婦の間では互いの呼称が変わる。「あなた」「きみ」や名前で呼んでいたものが、「お父さん」「お母さん」と夫婦同士でも呼び合うようになり、子供を中心に家族の呼称に配置換えが起こるのだ。さらにその子供が育ち、孫が生まれると、今度は「おじいさん」「おばあさん」と呼ばれるようになる。このように、常に子供は家族の中で主役になっているのである。

これと同じようなことが、一般社会の集団でもしばしば起こることがある。ここでの主役は、大人でいて子供のような人である。そういう大人げない人が一人いるだけで、たちまちその人を中心としてすべてが回りだすことになるのだ。

この好例は、小泉純一郎元首相である。同首相の行った一連の構造改革についての評価は差し控えるが、自由民主党という日本最大の政治団体が、一人の男に振り回され続けたことには間違いない。小泉劇場ともはやし立てられた手法の果てには、自由民主党の重鎮数人が党から追い出されるという事態にまで発展した。

この手法のポイントを評論家に語らせるならば、マス・メディアを巧妙に味方につけたことに加えて、わかりやすい語り口やコピーによって、大衆からの抜群の人気を取り付けたことが背景にあると言われるだろう。これはおそらく重要な要素ではあるが、すべてではないと思う。自由民主党をかき回すことになった最大の要素は、小泉元首相のもつ子供のような理不尽さである。

就任当初から抜群の人気を誇ってはいたが、彼の唱える政策については、党内からも反発は少なくなかった。しかし、そういった声もだんだんとトーンダウンしていくことになる。衆議院解散という奥の手をちらつかせながら、「自民党をぶっこわす」「私の政策を批判するものはすべて抵抗勢力」といった過激な発言で、次第にこいつは何をやるかわからないと恐れられるようになったからである。

こうした人を目の当《ま》たり《あ》にすると、周囲の人間は理不尽なことをされたくないと思うようになるのだ。そして、はらはらすると同時に、この人は何か普通ではない奇跡を起こしてくれるかもしれない、と期待も入り混じった感情を持つようになる。当初、反対派であった議員の中には、大人特有の打算的なポジショントークに終始するものも多かったはずだ。派閥の中で反対のポーズをとらなければならなかったり、反抗することで自らをプロモーションしようとしたのだ。しかし、こういった人たちも、小泉には話が通じないかもしれない、と思ったとともに、本当に何かが変わるかもしれないと期待を持ち、次第に追従していったものと予想できる。根本的に、大人は子供に太刀打ちできないのである。

一方で、こういった理不尽さは、当然ながら功罪を併せ持っているものだ。単なる横暴としか考えられず、周囲から疎《うと》まれる結果になる場合も多いだろう。しかし、大きな組織が、その中心に理不尽な動力を持つことで力強く前進することもある。

たとえば、私はマイクロソフトの社長に就任した時、すぐに元上司のクビを切り、その日のうちに組織の改編を断行したことがある。そして今後3年間はこの体制で突き進むと宣言した。理不尽ながら揺るがないメッセージを発信したのである。

もちろんこれに対する抵抗勢力は多かったが、明確な方針の下で、組織の力を一点に集中させることができた。そして結果的に、マイクロソフトは3年間でナンバー1企業になったのだ。

ところで、私はマイクロソフトの部長だった時から、部下から肩書きではなく、「殿《との》」と呼ばれていた。冗談ではなく、仕事のときも飲みに行くときも、常に部下は「殿」と呼ぶのである。これを聞いた新入社員は、ただのニックネームかと思っていたそうだが、大真面目《まじめ》な呼称であった。

こう呼ばれるようになったのは、私が実に理不尽な人間だったからだと思う。当時のマイクロソフトには、相当に理不尽な人間がそろっていたが、その中でも私は群を抜いていただろう。社員も、「社長」に言われたら反発することもあるが、「殿」ならばしょうがない、と自分を納得させていたのかもしれない。

調整役タイプのトップは、事業に大きな動きがない時、つまり、そのときどきの時流に沿えば成長が可能な時や、逆に縮小を避けられない状況においては、その能力を発揮する。こうした時には、組織そのものの維持を第一に考える必要があるからである。

しかし、組織に新たな変革が求められる際には、多少の不満や反論は押しのけていくことも必要である。結果さえ見えれば、そうした不満はすぐに消える。そうすることで、すべての力を一つの方向に振り向けることが可能になるのだ。その核となるものには、小手先の論理や利害には揺るがない確固とした理不尽さが求められるのである。

変化を恐れるフツウの大人たち

私がマイクロソフト日本法人の社長を務めていた時期には、毎年全体の5％に当たる社員を最低レベルの人間からクビにしていた。ここで言う最低レベルとは、保守的であることを指している。よく組織改革などと声高に叫ぶことがあるが、保守的な社員を切らないことには、組織の活性化などできるはずもないと思う。

新しいチャレンジをしない、他人と同じであることに安心する、知らないことに対して嫌悪感《けんおかん》を持つ。これらはすべて保守的な人間の特徴である。こうした特徴は無意識のうちに現れてくるため気づきにくいものだ。

残念ながら保守的な人間というものは、どんな組織にも必ず存在する。彼らは過去の成功体験に酔いふんぞり返っているか、厄介な仕事が自分に降りかかってこないよう気配を消しているものだ。自分の職場でこうした人間を挙げてみることは、試してみれば簡単であることに気づくはずだ。

しかし、こうした愚鈍な人間も、自らの立場を脅《おびや》かすかもしれない新しい発想が持ち込まれると、目覚しい変身を遂げる。

決して良い方向にではない。

その新たなアイデアに潜むネガティブな側面を瞬時に並べ立てるために、ほとんど天才的ともいえる頭の回転を見せ始めるのだ。

さらに厄介なことに、彼らの反論手法は非常にタチの悪いものである。なにかにつけて「前例がないことだから」「私の経験ではそうではない」「この会社のやり方ではこうだ」などと、立場が低い人や若者には否定することができないように追い込んでくる。私にすれば、前例がないからこそやってみる価値があるんだろう、このアホ、と思ってしまうのだが、なかなかこちらの言い分は通用しないものだ。こうなると、新しいことに取り組む周囲のモチベーションまで腐ってしまい、組織全体が勢いを失《な》くしてしまうことになる。

仕方がないことだが、人間は年齢を重ねるに連れて保守的になりやすい生き物である。もし人が、どの程度保守的なのかを計ることができるのであれば、年齢に対して幾何級数的に上昇する様子が見て取れるように思う。これは知識や経験が蓄積すればするほど、自分の中での枠組みが固まってくるためであって、その枠組みを崩して新たなものを取り入れるコストが上昇していくのである。

ここで簡単な例を挙げよう。たとえば、あなたはこれまで数日間かけて考え抜いた企画を、書類にまとめている最中だとする。もうほとんど完成間近であったが、ここで不意に予期せぬ事実を発見してしまう。しかもそれが、今のプランを基礎から揺るがすものだったとしたらどうであろうか。費やした時間が数日であれば、まだゼロにリセットする気力があるかもしれない。しかし、これが数ヶ月であったらどうだろうか。数年であったら。このような状況は、普段の仕事のなかでもよく遭遇することだ。しかし、それでも無理につじつまを合わせようと四苦八苦するようであればまだマシだ。しかし、あたかもその事実がなかったかのように無視していては、保守的人間を笑うことはできないだろう。

これと同じような意識が、人間が年とともに保守的に変わっていく過程で作用していると思われる。それまでに努力をして手に入れた知識や経験ほど、否定しにくくなるものだ。それが、数十年にわたる長い時間のなかで築きあげてきたものともなれば尚更《なおさら》である。何か新しいものを取り入れて、それらに一貫性がなくなることを恐れ、拒絶してしまうことは想像に難くない。

中年になった科学者たちは、記憶力の低下や頭の回転が遅くなることは、自分たちの研究にとってそれほど問題ではないという。彼らにとって問題なのは、むしろ未知のものに出くわしたときの恐怖のようだ。科学者にとっては、これまでの研究を覆《くつがえ》すような事実と向かい合った時にこそ、自らの真価が問われるのである。

さて、ここで勘違いしてほしくないことは、保守的になることを恐れるあまり、古い様式を頭から否定してしまうことも、また間違いであるということだ。重要なのは、単に新しいことだけを良しとせず、新旧を問わず柔軟な考えを保持することである。

マイクロソフトで営業の前線を指揮していた当時、私のとった戦略は、どちらかというと旧時代的な接待営業であった。それも肝臓を悪くするほど徹底的に行った。これはなぜかというと、当時のＩＴ業界では、むしろこういったベタな営業があまり行われていなかったように感じたからである。人と違うこと、他社がしないことに価値を見出す私としては、あえて古臭い手法をとることが、効果的で新しくもあると感じたのである。

それでは、年をとっても保守的にならないようにするためにはどうすればよいか。処方箋《しょほうせん》があるとすれば、それは思い切って一貫性を犠牲にしてしまうことである。最新のデジタル機器をいじりながら、江戸時代がどれだけ素晴らしい時代だったかを語るおじさんは、少し魅力的にうつらないだろうか。多少の矛盾があったとしても、少しでも自分の琴線に触れることがあれば、無節操に取り入れてしまうことも、徹底すればそれはそれで一貫性があるということになる。

決まり文句が大好きな大人

ここまで、大人になると人は保守的になってしまうと書いたが、それが最も端的に現れるのが話し方である。大人になればなるほど、話の中に決まり文句が多くなる。たとえば、結婚式のスピーチがいい例だろう。皆が同じノウハウ本を参考にしているのかと思うほど、口上から笑いを誘う文句まで、話の構成がそっくりなのだ。こうした紋切り型の話し方が、人から興味をもたれずつまらないことは、既に多くの人が経験しているとおりである。

加えて、やたらと難しい言葉を使いたがるのも大人の話し方にある特徴だ。ビジネスシーンでは何かにつけて、「戦略的に」と修飾語を使う人や、カタカナ語を多用する人が多い。戦略的といえば格好がつくとでも思っているのかわからないが、よくよく考えると、ほとんどそれは意味を成していないことに気づく。カタカナ語も、スキームやイニシアティブ、イシューといった、わざわざ英語にする必要のない言葉が氾《はん》濫《らん》している。こうした言葉は、人を煙に巻くことが目的ならば有効だろうが、本当にコミュニケーションを取りたいならば避けるべきだろう。簡単に言えることをわざと難しくしているだけなのだ。自分の知性を見せつけようとして、むしろバカを露呈している。

こうした大人の話し方が魅力的でないのは、それがどこまでも形式的であるからだ。大人になると、間違いや人と外れたことをするのを恐れるようになるから、形式的であることにむしろ安心するのである。

たとえば話し方の例ではないが、ビジネスメール一つをとってもそうだ。どのメールもバカの一つ覚えのように「お世話になっております」から始まり、「よろしくお願いします」で終わる。多少のバリエーションはあるものの、ほとんどが同じパターンなのである。こうしたメールを見るたびに、なんと工夫のない奴《やつ》だ、と思ってしまうのは私だけだろうか。さらに時節の挨拶《あいさつ》でもあろうものなら、読む気も失せてしまう。

それとも、実は私の知らないところで、大企業にはメール自動作成ソフトでも導入されていて、あまり自由がきかないのかもしれない。そうでもなければ、そこには無意識だが強力な形式主義が存在するように見えてくる。

話し方が形式的になると人の興味を引かないばかりか、説得力がなくなる。こうした人の話は、どんなものでもどこかで聞いたことがあるように感じられるからだ。こうなると、本当にその人自身の考えなのかと疑ってしまうし、教科書的に聞こえるのである。実際、どこかで覚えたフレーズを振り回しているだけのケースが多いのだろう。大人ほど、他人の言葉を借りてしか語ることができないのである。

このように形式的な話し方ばかりしていると、思考や発想までが型にはまり、つまらないものになってくる。話し方は、常にその人の考え方に大きく影響しているのだ。意味不明のカタカナ語を使うたびに、メールでは「お世話になります」と書くたびに、あなたの中からはクリエイティビティが失われていくはずだ。

時に、子供の率直な質問にはっとさせられることや、自然と子供の話に耳が傾くことがあるのは、子供が形式に囚《とら》われず自分自身の言葉で考え、話しているからだ。このように、大人でも話を聞かせるのがうまい人は、みんなが使う決まり文句や難しい言葉は使わない。よく、難しいことを難しく話すのは誰でもできるが、難しいことを易《やさ》しく話すのは大変だというが、まさにそのとおりである。

難しい言葉を使って形式的に話すことで、自分を賢いように見せるのは誰にでもできることである。この簡単なテクニックを使う人は、ビジネスの世界に驚くほど多い。しかし、それでは人を説得することはできないし、ましてや人を惹《ひ》きつけるようなことは決してない。これができるのは、子供のように簡単な言葉を使って、自分の考えと感情をストレートに表現できる大人げない人のはずである。

プロほどルーティンにはまりやすい

プロフェッショナルという言葉の響きは、常に人の心を捕らえてやまないようだ。あの人はプロだね、と言われればなんとなく悪い気はしないだろう。この言葉の定義はひどくあいまいだが、それでも不思議な引力を持っている。

スポーツの世界では、その活動自体を職業としているか、対価として報酬を受け取っている人は、プロフェッショナルとしてアマチュアとは区別される。同じ原則をビジネスに適用すれば、ほぼすべての社会人がプロとされるはずだが、実際にはそうではないらしい。

一方で、たとえば料理人について考えると、レストランでフルタイムの勤務につくコックであれば、プロの料理人とされるだろう。調理師には免許があるだろうと反論されるかもしれないが、一般的な飲食店においては、必ずしも調理師免許が求められるわけではない。そのほかにも、エンターテインメントやアートの世界では、その腕で飯を食っていればことごとくプロと扱われる。

こうして考えると、ビジネスにおいて使われるプロフェッショナルという言葉だけが、なぜか高尚な意味を帯びているように思えてくる。誰もが同じように額に汗して働いているにもかかわらずだ。これは一体どうしたことだろうか。

現在のビジネスにおけるプロフェッショナルのイメージを確立したのは、世界最大のコンサルティング・ファームであるマッキンゼー・アンド・カンパニーにおいて活躍した、マービン・バウワーではないだろうか。彼は、マッキンゼーを世界的企業にまで成長させた立役者だといわれている。この影響が強いからか、コンサルティング業界の人たちはこのプロフェッショナルという言葉が大好きである。

マッキンゼーが、なぜこの言葉を掲げたのかと考えると、その理由は二つあるのではないかと思う。まず一つ目は、スタッフの自己規律を促すためだろう。いわば部外者であるコンサルタントが、業界専門家であるクライアントとのギャップを埋めるには、並大抵の努力では追いつかない。ほとんど苦行にも近いこの作業に向かわせるために、お前たちはプロフェッショナルだから、と鼓舞したのではないだろうか。こうした職業意識は感服に値するものだ。

さらに二つ目は、多少穿《うが》った見方になるが、コンサルタントをより高く売るためだろう。突き詰めればコンサルティングは、コンサルタント一人当たりいくらという人足商売だ。そこで、うちのはプロフェッショナルだから少々高くつきますよ、と言うわけだ。なかなか巧みなマーケティング・ワードである。

こうして考えると、プロフェッショナルという言葉は、エリートという古臭い言葉にも似た響きがしてくる。実態の明確でない一種のバズ・ワードといっても、あながち間違いではないだろう。

さて、前置きが長くなった。ここで私が言いたいことは、プロフェッショナリズムは職業意識として素晴らしいが、若いうちは素人《しろうと》根性の方を大事にしてほしいということである。

プロフェッショナルの定義は、ここまで触れたようにあいまいなものだ。しかし、人がプロフェッショナルを自任するようになると、どうも失敗や間違いを恐れるようになるのではないかと感じる。プロというだけあって、知識と経験が豊富だから、どうしても頭の中で先を見通してしまうのだ。こうなると、得てして成功パターンに固執したり、新たな挑戦が失敗する可能性が目に付くようになる。それゆえにルーティン・ワークに陥りやすいのである。

こういうと、プロとはそれすらも克服する存在なのだ、と反論する人もいるだろう。しかし、そんな反論ができるのは、そもそもその定義があいまいだからだ。この論法では、プロとはその存在が全知全能になるまで延々と再定義していくことができてしまう。

それならば、いっそのこと、自分が素人であることを潔《いさぎよ》く認めてしまった方がいいと思う。素人だからこそ、やってみなければわからないからまずはやってみようと考えられる。そうすれば挑戦の幅が広がるし、実際に失敗をした方が得られるものは多いのである。

ちなみに、ノーベル化学賞を受賞した田中耕一氏は、島津製作所へ入社した時点では、化学の専攻経験がない素人だったそうだ。しかし、生来の実験好きである彼は、化学の専門家であれば避けられるような失敗から、輝かしい功績のきっかけを得た。これを特殊な例と考えてはいけない。いつまでも頭の中でシミュレーションを重ねるだけでは、自らの思考の限界を超えることはできないのだ。

自分が素人であると考えることができれば、新しい知識も真綿のように吸収することができる。そして、恐れることは何もないのである。

第3章　やりたいようにやればいい

我慢なんてしなくていい

多くの日本人が持つ基本的な考え方の中には、我慢することは人が成長するために必要だという認識がある。苦労をしなければ大成しない、大人は忍耐強くなければならない、と考えられている。時代によっては、我慢することが美徳とすらされていた。

私にしてみれば、本当に我慢が必要なときは、禁煙とダイエットの時くらいなものだと思うのだが、こうした考えは根強い。最近では、この二つでさえも我慢なしに達成するための方法が流行しているのだから、日本人は我慢が苦手なくせに、これを大事なこととするのだから不思議なものだ。一体、このような思想はいつどこで生まれたのだろうか。

一般に日本人の思想は、日本生まれの神道《しんとう》と、輸入物である儒教と仏教が入り混じっていると考えられている。日本人の宗教観の根底には、シンクレティズムといわれる重層信仰があり、複数の宗教を共存させることが平気なのだ。今では、ここに挙げた三大宗教に加え、キリスト教の影響も見え始めている。

日本人の複雑な思想体系を繙《ひもと》くことは、大変に厄介なことであるが、間違いないことが一つある。それは、この三大宗教がそれぞれの時代において、支配者により都合のいい理論として扱われ、人々の間に定着していったということである。神道も、明治以降から太平洋戦争敗戦までの間、国家神道として天皇を絶対化し、軍国主義を支えた思想であった。

では、現在においてはどうか。それは、形を変えて続いていると考えられる。かつての支配者に相当するものは、ほかでもない日本の企業である。これらは年功序列というシステムの中で、若者に苦労を押し付けることで成り立ってきた。このシステムは、企業の持続的な成長を前提としていたため、今となってはほとんど崩壊してしまっている。しかし、若者へのしわ寄せだけは、今もなお続いているのである。

新卒として入社した若者には、若い時の苦労は買ってでもしろ、と教えられる。どんなに単純でつまらない作業でも、それは経験としていつか自分を助けてくれるから意味があるのだというのである。果たしてこれは本当なのだろうか。

電子計算機が生まれる前まで、「コンピュータ」という言葉は、今とはまったく違ったものを指していた。それは、仕事としてひたすら単純計算だけを続ける人々のことであったのだ。たとえばこの時代には、大学で理論証明のために発生する膨大な計算を処理するため、若い研究者、とくに独身女性が大量にあてがわれることがあった。

こうした女性研究者には、第一級の才能を示したものもいたそうだ。今では、電子計算機で瞬時のうちに処理されてしまうこの単純計算の先に、研究者としての成功のチャンスが転がっていたと思われるだろうか。もちろん、そんなことはほとんどありえず、最も大事な若い時期をふいにするだけであったに違いない。

これと同じことが、日本の企業において、今起きているのだ。

勘違いしないでもらいたいのは、こうした入社してすぐの雑用がまったくの無意味ということではない。私自身も、新卒として就職してからの3年間は、会社であらゆる雑務を経験したが、これも会社というものがどう回っているかを理解するのに役立った。問題は、日本の人口動態の変化、平たく言えば少子高齢化によって、若者が思うような仕事にたどり着くまでの期間がどんどん長くなっていることである。

最近は、若者が人生に行き詰まりを感じやすくなったといわれる。この最も大きな原因は、会社でもどこでも社会全体に大量のオジサンたちがあふれ、若者の道の上に立ちふさがっているからだと思う。彼らは、若者にそれを気づかせないために、今は我慢をする時なのだと諭しているのだ。

偉大な功績を残してきた事業家や芸術家には、小さな頃に身体《からだ》が弱かったり、死にそうになった体験をした人物が数多くいる。たとえば、これまでにプラモデルオタク

として も紹介したアニメーションの大家、宮崎駿も生まれつき身体が弱く、医者には20歳まで生きられないと言われたそうである。彼は、このことが後の創作活動に影響を与えたと語っている。

また、ソフトバンクの孫正義も、26歳のときに大病を患《わずら》い、余命5年という残酷な宣告を受けたそうだ。奇跡的にこの病気は完治したのだが、このときから、究極の自己満足は人のためになることだと考え、それを追求していくことになる。

こうした経験を持つ人たちは、死に直面する中で、本気で自分自身と向き合う機会を得た、ある意味で幸せな人なのかもしれない。短い人生のなかで無用な我慢をしているヒマはなく、やりたいことをやると決意したのだと思う。

もちろん、彼らのような経験のある人はそれほど多くないだろう。しかし、自分のやりたいことに向き合うことは、誰にでもできることである。あなたが今強いられている我慢は、本当に必要なことなのか。この点をよく考えてみてほしい。

目標を持ってはいけない

私は、若い人たちがする事や、そのやり方にはいちいち異論を挟まないタイプの人間だが、一つだけやめてほしいことがある。それが「目標を持つこと」である。目標を設定することは無意味であるどころか、自らの可能性を捨ててしまうことに等しい。目標に縛られた人生は物悲しいのだ。

ビジネスにおいては、とくにこの目標が大事とされる。上場企業になれば必ず業績目標を発表させられるし、未上場企業であっても目標を設定する会社がほとんどであろう。会社全体から部署単位、さらには個人個人までもが細かい目標を持たされる。ここだけみればさながら計画経済のようである。

しかし、この目標というものは不思議な存在なのだ。たとえば、あなたが会社の中で企画部門に属し、目標値を設定する仕事を与えられたとする。ここでは達成不可能な目標を設定したところで意味がないとされるから、外部環境や内部の状況を含め、諸々《もろもろ》の要素を検討することになるだろう。その上で現状から考えて、達成可能かつできる限り高い目標を探ることになる。

　このとき、あなたが今後変わりうる外部環境を完璧《かんぺき》に予想し、会社内部のすべてを完全に把握している存在であれば、目標を設定する仕事はこの上なく素晴らしいものだ。社員全員がこれに向かって全力を出せばそれでいいことになる。

　しかし、実際にはそんなことはありえない。外部環境は予想もつかない方向に変わりうるし、社内では、上からの目が届かないところでアイデアを隠し持った人が必ずいる。固定化した目標は、不確定要素にまったく対応できないのである。しかも、こうした事前に予想ができない要素にこそ、大きなビジネスチャンスが転がっている。

　だから目標を設定するならば、変化に対応する中で、各人の創意工夫の果てにやっと達成されるようなものでなければならない。しかし、事前にこれらをすべて盛り込むことはできるはずもないから、何となく納得感のありそうな落とし所を探すことになる。大人はこの落とし所という言葉が大好きなのだが、こんなものに意味があるはずもないのだ。これではすべての可能性を引き出すことができないのである。

　これは個人としても同じことである。５年後に課長になるという目標を設定して戦略を練ったところで、実は違うやり方をすれば部長になれるかもしれない。先に目標を設定してからやり方を考えるのでは、どうしても可能性の取りこぼしを生むことになるのだ。

取組直後の力士にインタビューをすれば、「明日の一番をまた頑張るだけ」と答えが返ってくるだろう。ゴルフツアーの最終日を明日に控えたプロ選手でも、翌日のスコア目標などは口にしない。そんなことを考え始めれば、プレイが崩れ始めることを知っているからだ。

それにもかかわらず、なぜかビジネスになると、途端に誰もが最終ゴールを決めようとする。スポーツよりも遥《はる》かに不確定な要素が多いにもかかわらず、目標によって自分たちを縛りつけようとするのである。これにはかなり違和感を覚える。

どんなことでも、周囲の状況はどんどん変わることが当たり前である。それにもかかわらず、自分だけ変わらないのはおかしい。過去に立てた目標によって自分を窮屈な存在にしてはいけないのである。

もしどうしても目標を立てたいのであれば、ほとんど実現不可能なくらいの大きな目標を持つべきだろう。しかし、これ自体はその達成方法を考えるのに役には立たない。自分が持つ可能性を大事にしたいのであれば、目の前のことだけに没入し、何かしらの変化を察知するにつけ、次のベストを探すというスタンスを保持することが重要である。

あるがままでいることが個性

自分には個性がないと思い悩む人が増えているという。大学生は、就職活動になると途端に自己分析だとぶつぶつ言いながら、自分とは一体なんなのかと哲学の世界にぶっとんでいってしまう。最近読んだ本に、『自分探しが止まらない』（速水健朗著、ソフトバンク新書）という本があったが、まさにこのタイトルどおりではないだろうか。

確かに、みんなと同じ経験をし、流行《はや》りものを追いかけてばかりいれば、自分には個性がないと思ってしまうのかもしれない。しかし、これはさすがに考えすぎではないかと思う。ネットの世界では、子供に奇想天外な名前をつける親が増えていると話題になっているが、これも、子供には個性を持ってもらいたいという願望が現れているのかもしれない。具体的な例を挙げるのは控えるが、目が点になってしまうような名前を見ると、ちょっと待てよと言いたくなってしまう。

最近の若者は——とは決して言いたくないのだが、一つだけ言わせてもらえば、最近の若い人たちは正しいことばかり言うように感じる。どうもこういった特徴は、学校や社会が育ててしまったフシがあるのだが、ポリティカル・コレクトネスに終始しているのだ。これは、あらゆる偏見を排除し、公平な表現であることを指す言葉であるが、若者たちは言葉のテクニックだけうまくなってしまい、その真意がよく読めないのではないか。こうした技術は、あくまで公式の場において余計なことを言わないためのものであって、個人の考えの基礎になるようなものではない。これでは自分の個性が表に出てくることがないだろう。

先日、とある大学の学部生を相手に講演をする機会があった。そのときは、私が一緒に仕事をしてきた仲間についてのエピソードを紹介したのだったが、後ほどアンケートを読ませてもらって驚いた。その仲間についての話を大まかに言えば、性格に欠点を持つ人間だったが、そのために面白いキャラクターであったし、仕事でもすばらしい結果を残し、尊敬に値する人物であったというものだった。これをどう受け取ったのかわからないが、アンケートの一つに、「人の欠点について話すことに憤慨を覚える」といった趣旨のことが書いてあったのだ。こちらの考えがうまく伝わらなかったことには、私にも反省すべき点がある。しかし、どうしてこのような感想しか持ち得ないのだろうか。これを見た私は、まるで政治家の失言をつかまえようとするメディアの言葉狩りのようだと思ってしまったのである。

人が個性について語る場合、どうもいい個性のことばかりを取り上げているように思う。いい個性は伸ばし、悪い個性は直しましょう、というわけだ。しかし、私にとってはどちらも大切にすべき個性であるし、そもそもこうしたものにいいも悪いもないのである。講演で話したことに関しても、私の言う彼の欠点は、一般的な考えに照らし合わせれば欠点かもしれない。けれども、それこそが彼の個性であって、成功の一因になったということだ。

しかし、そういった考えは許されないようだ。なぜか個性とは、常識的な考えからいって褒められるものでなければいけないのである。そうなると、今言われている個性とは、一般的にいいとされる個性というものがすでにいくつかあって、それをどう獲得するかを考えなければならないということになる。しかし、そんなものは個性ではないし、結局は人と同じになってしまうのである。

一つ例を挙げてみよう。私が雑誌などのインタビューを受けていると、個性の象徴としてか何かにつけて座右の銘を聞かれることがある。そのたびにそんなものはないと答えてきたのだが、なぜか誰もがわかりやすく言葉になった個性を要求してくる。個性があるかどうかは、言語化できているかどうかで判断されてしまうのだ。

けれども、実際に一人の人間を言葉一つで表現するのは不可能だ。それを無理に言葉にして、自分という存在を縛り付けてしまうことのほうがよっぽど恐ろしい。学生の用いる履歴書には、長所と短所を記入させる欄があるが、まったくナンセンスである。

本書のテーマである大人げなさは、私の欠点の一つであると思う。しかし、その悪いものとされる個性のおかげで、これまで自分らしく楽しくやってこられたのである。だからこそ個性という単なる言葉にはとらわれず、人にはあるがままの自分でいてほしいと願うのだ。もちろん私自身のことも、大人げないの一言で済まされてしまっては困る。

人は子供のままでいる人に憧《あこが》れる

大人になると、人は子供の持つ純粋さや無邪気さに憧れるようになる。これと同じ理由で、大人になっても子供のままでいる人を見ると、多くの人が憧れに近い感情を持つようになるのではないかと思う。

たとえば、これまでに取り上げたおバカタレントたちが人気を博しているのは、ただおバカな人が面白いというだけではないはずだ。やはり、どこかで彼らの中にある子供らしさに惹《ひ》かれているのだと思う。もういい大人なのだから、と言いたくなることもあるだろうが、くったくのない笑顔を見ていると、どこかで「まあいいか」と思ってしまうのではないか。

この原稿を書いているひと月ほど前、故石原裕次郎の二十三回忌法要が国立競技場で執り行われた。参列者はなんと11万7000人である。参列者の数で人の価値が決まるとは決して言わない。しかし、今の時代に一線で活躍している有名人が亡《な》くなったところで、これだけの人数が集まることは稀《まれ》だろう。20年以上も、これほど多くの人に忘れられない存在になるのは並大抵のことではない。

「裕ちゃん」の愛称で親しまれたこの昭和の大スターは、今の若い人たちにはあまり馴染《なじ》みがないだろう。しかし、存命中の人気は、格別のファンでもない私からみても、老若男女《ろうにゃくなんにょ》の隔てなく、すさまじいものがあった。

石原裕次郎が絶大な人気を誇った理由は、やんちゃな大人を超えて少年そのものであったからだと思う。映画やドラマの中での役柄だけでなく、石原自身がどこまでも子供のような大人であったからこそ、日本中が彼に憧れるようになったはずだ。彼の口癖は「うん」という、幼児のような相槌《あいづち》であったという。

また、政治の世界で言えば、小沢一郎も子供のような大人の一人である。豪腕とも呼ばれる小沢は、むしろ子供らしさとは対極の人物ではないか、と思う人もいるかもしれない。しかし、政治家の中で、恥ずかしげもなく自分のことを「僕」と呼ぶのは小沢だけだ。単なる口癖や呼称の問題だと言われるだろうが、こうした小さなところにこそ、人柄が映し出されてくる。あの強面《こわもて》が突然に人懐っこい笑顔へ変わると、人は心を揺さぶられてしまうのではないか。やはり、小沢も政界における人たらしの一人に数えて間違いはないだろう。

子供が愛される存在であることは誰もが知っている。だから、人は他人の興味を引くために、自然と子供のような振る舞いをしたり、話し声や見た目を子供に近づけようとすることがある。

　喋《しゃべ》りのプロである落語家は、話のオチになると声の調子が高くなる。逆に調子を落とすことで聞かせるテクニックもあるのだろうが、肝心な部分はやはり少し高い声になる。テレビの女性タレントの中にも、作り物のような甲高い声を発する人がいるが、これもやはり子供のような高い声が、より魅力的に聞こえると思うからであろう。また落語家やタレントでなくても、たとえば、赤ちゃんや幼児に話しかけるときには無意識に高い調子の声になっていることに気づく。自分も子供のような高い声になることで、声色によって自らの好意を伝えようとするからである。

　そのほかにも、女性が化粧をするときには、できるだけ目を大きく見せ、チークを入れたりする。これは自分の持つ子供らしさを強調するためだと言われている。こうすることで、他者の保護意識を喚起し、より好まれやすい自分を作り出そうとしているのだ。

　このように、外見や話し方とその声、または内面でもどこかに子供らしさを持っていることは、対人関係においてプラスに作用するはずだ。こうした子供らしさは無理に作り出すまでもなく、誰しもどこかに持っている。けれども、こうした子供っぽさは隠さなければならないものとされ、大人としての振る舞いを強要されがちなところがある。

しかし、実際には一般的な大人の振る舞いとされているものに近づけば近づくほど、周囲の人間と同化していくことになり、他人の興味を引かなくなる。こうして自分を無理に矯正してしまうから、没個性だと言われてしまうのだ。もし他人の興味を自分に向かせたいと思うのであれば、自分の中の大人げなさを隠すことなく、子供のままでいるようにしたほうがよい。

自分の大人げなさに正直になることができれば、自然と平均からは逸脱する。そうすれば、きっと周囲の人々を惹き付けることができるようになるはずだ。

おじさんの言うことは9割が間違い

大御所と呼ばれる人が、「今の若者たちには気力がない」などと言っているのを聞くと、「それはあんたたちのせいだろ」と即座にツッコミを入れたくなるのは私だけだろうか。若い世代による新陳代謝を押さえつけておいて、大所高所から物申すのだから性質《たち》が悪い。これはもう老害といっても差し支えないだろう。

もし、今の若い人たちが、日本の社会に閉塞感《へいそくかん》を感じるとすれば、社会の重しがあまりにも過大だからだ。若者にとってのこの重しとは、多すぎるおじさんたちである。老害は決して今にはじまったことではないが、いくらなんでもバランスが悪過ぎるのだ。日本の人口ピラミッドを見れば一目瞭然《りょうぜん》だが、あまりに若者に対しておじさんが多いのである。

もちろん、年の功として年長者の考えを尊重するべきこともあり、十把一絡《ひとから》げに論じるには無理がある。60代以上はすべて退場すべしなどとは決して言わない。それでもあえて、若者がおじさんの言うことを受け入れるのは間違いだと、ここでは言いたいのだ。

年をとるにつれて、顕著になる特徴は、保守的、悲観的、独善的の三つである。一つ目の〝保守的〟についてはすでに取り上げたが、人は50代を過ぎたあたりから驚くほど保守的になる。大人になると変化することにエネルギーを使うのではなく、変化しないことにエネルギーを使うようになってしまうのだ。私も昔の自分自身と比べれば、少なからず保守的になってしまったと感じる。まだ自覚があるだけましだろうと言い訳もしたくなるが、過去のことを振り返ることも多くなったし、これから少しずつ社会の変化にも疎《うと》くなっていくのかもしれない。いつか自覚症状すらなくなるのではないかと考えると、心底怖い思いがしてしまう。多くの深刻な保守的人間はその自覚がないから、対応に困るのも当然だ。

二つ目の〝悲観的〟となると、若者にとってはさらに深刻である。私と同じように年をとった周囲の人間を見ていても、少しずつだが悲観論者が増えている。かつては希望をもって将来を見つめていたはずなのに、これは一体どうしてだろうか。

まずは、そもそも悲観論の方が衆目を集めやすいということがある。メディアの常《じょう》套《とう》手段でもあるが、不安感を煽《あお》った方が人の興味を誘いやすいのである。しかし、これでは年齢との関係の説明にはなっていないだろう。目立ちたがり屋はすべて悲観論者になってしまう。

私が感じるところによると、悲観論を唱える人は、すでに経済的な基礎ができている人に多いのではないかと思う。つまり、今後自分が生活に困ることはないから、将来についてはほとんど言いっぱなしなのだ。自分は困らないけど、まあちょっと私のありがたい話でも聞いていきなさいよ、というわけだ。これでは、これから事を成さなければならない若者はたまったものではないだろう。だからこそ、このような無責任な悲観論に付き合う必要はまったくないのである。

さて、最後の〝独善的〟については、誰でもわかりやすい要素かもしれない。人は人生経験を積めば積むほど自分の経験が判断のベースになってくるから、どうしても独善的になりやすいのである。「私の若い頃は——」、と語りだされたら、誰でもその場から一目散に逃げ出したくなるだろう。

こうした人の中で始末に負えないのは、過去の成功体験に囚《とら》われた人たちだ。この成功が大きいものであるほど、まだ実績を持たない若者には否定しづらいものになる。このせいで舵《かじ》取りに失敗した例など掃いて捨てるほどあるにもかかわらず、一向にこうした輩《やから》が減らないのも若者を苦しめている要因の一つである。しかも、昔に比べれば若者一人に対する重しが、倍以上になっているのだから気が滅入《めい》る。

ここまで、年長者からお叱《しか》りを受けることは必至な内容を書き連ねてきた。少しだけ弁明をすれば、保守的、悲観的、独善的ではない人たちも多くいるだろうし、こうした考え方が絶対的に間違っていると言っているわけではない。むしろ、この三つの立場をとった方が正しい場面もあるはずだ。

しかし、私の考えでは、若者の使命は新たなことに挑戦していくことである。そのためには、将来を楽観的に信じなければならないし、過去の独善的な考えに支配されてはいけないと思うのだ。こうした意味で、若者には、おじさんの言うことは9割が間違いだと考えてほしいというわけである。

ところで、こう書いた私も50歳を過ぎた立派なおじさんである。本書の読者には、この内容の中に1割だけ隠されている、あなたにとって正しいアドバイスを探してほしい。

失敗しないためのただ一つの方法

挫折《ざせつ》や失敗を知らない人はダメだと言われることがあるが、私はそんなことはまったく信じていない。私自身これまでに挫折をしたことはないし、これからもしたくはない。それでも自分がダメだとは決して思わないのだ。

マイクロソフトで部長をやっていたとき、ある人から「君は失敗をしたことがあるか」と聞かれたことがある。正直に「ない」と答えたところ、「それじゃあダメだ、挫折すると人間は大きくなるからね」と言うのである。この人に言わせれば、挫折することで人間は成長するということらしい。

これにまったく納得のいかなかった私は、放っておけばいいのに食って掛かってしまった。偉そうなこいつの鼻を明かしてやろうという気持ちもあったかもしれない。そのときは、だいたい次のようなことを言ったと思う。

「挫折をしなければならないというが、そもそも人間は死ぬまで成功している方がうれしいはずだ。失敗を自ら望む人などいない。一方で、人は必ず失敗するとしても、それは自分が失敗と認識してしまうからだ。それならば自分で失敗だと考えずに、ずっと成功していけると思っていたほうがいいだろう。あなたは成功し続ける人間と失敗する人間のどちらになりたいのか」

こう言うと、途端にこの人は考え込んでしまった。そして仕舞いには納得してしまったようで、「そうだよね」とうなずき始めたのだ。おそらく、とくに自分の考えがあるわけでもなく、道徳的な説教を垂れたかっただけなのであろう。この時は、こうした精神訓話のような考えこそが人を腐らせるのだと恐ろしく感じたのである。

ところで、昔からサラリーマンの成功の条件は「ウン・ドン・コン」だと言われる。運と鈍感と根性である。この中でも鈍感であることは、相当に重要な要素であると思う。にぶければにぶいほどいいのである。

感覚が鋭い人は、小さな失敗にもいちいち落ち込んでしまう。その一方で、成功にも敏感だから小さな成功に酔ってしまうのである。これでは大きく成功する前に満足してしまうから、大成しないのだと思う。

その逆に鈍感な人は、失敗を失敗とも思わないから挫折せず前向きでいられるし、小さな成功では満足しない。こうした人こそが、自分の納得できるところまで突き進み、大成功を収めることができるのだ。

では、自分が鈍感になるためにはどうしたらよいか。月並みな表現だが、それは、より大きな刺激を受けることである。強い刺激を受けると自分が持つ感度の上限と下限が広がっていくから、小さなことでは失敗とも成功とも感じなくなるのである。

たとえば私の場合、子供の頃最初に読んだ小説である『水滸伝《すいこでん》』のダイナミズムに衝撃を受けた。国を打ち倒すために梁山泊《りょうざんぱく》に集う１０８人の英雄が、次々と敵を倒すというスケールの大きさに惹《ひ》かれたのだ。こうした感覚を根底に持つと、ビジネスにおいて多少の失敗か成功をしたところで、何でもないように思えてくる。

また、こうした内面的な刺激よりも、表面的な刺激の方がもっと効果的ではないかと思う。たとえば、１００メートルのバンジージャンプをして死ぬような思いをするのもいいだろう。旅行でもパリのような観光地ではなくモンゴルやブータンなどに行って、まったく違う生活環境に衝撃を受けるのもいいかもしれない。これは単に脳へのインパクトの問題のはずだから、イージーな体験でもいいのである。

もし、失敗しないための方法があるとすれば、このように自分に大きな刺激を与えて、感覚のセンサーをバカにしてしまうことがいい。自分が失敗と認識しなければ、それは失敗ではなく、いつかは成功につながっていくのである。

期限ぎりぎり体質は悪くない

夏休みの最終日である8月31日の夜、日本全国の子供たちは顔を真っ青にしながら机に向かう。今も昔も変わることのない典型的な子供たちの行動パターンである。子供とは何ともいい加減で無計画な生き物だ。中には計画的に夏休みの宿題を少しずつ進めている子供もいるのだろうが、大人にやらされているのでなければ、それは非常に珍しいケースではないだろうか。

むしろせっかくの夏休みぐらいは、暗記ばかりのつまらない勉強から離れ、遊びでも何でも楽しいと思えることに没頭してほしいと私は思う。最後の最後まで宿題など放り出し、本当に興味があることだけに夢中になっているぐらいのほうが将来有望である。

さて、私は大人として仕事に向かう場合も、なかなか宿題に手のつかない子供と同じようなスタンスで良いと思っている。世間には、どうしても期限ぎりぎりまで仕事に手がつけられないことで自分を恥じている人も多いようだが、大いに結構だ。無理に計画的な人間に変わろうと努力することはない。このままぎりぎり体質を維持していこう。ここにこそ「創造的な仕事」を成し得るためのヒントがあるのだ。

期限が訪れるまで仕事に手がつかない人の大体の流れはこうだ。たとえば、取り組んでいる仕事の期限まであと1週間あったとする。しかし、まだ時間に余裕があるからと後回しにしているうちに、2、3日程度の時間はすぐに経《た》ってしまう。この時、さらにあと1日ぐらいは大丈夫と無意識のうちに時間勘定をしてしまうと、おそらくもう机に向かうことはできないだろう。結局、その1日がまた2、3日と延長されて、ほとんど期限間近までその仕事は放置されることになる。ここまでほとんど進展はみられていない。

けれども、本当のデッドラインが訪れるとたちまち状況は一変する。いったん、やばい、と思い観念して仕事に取り組むと、あれほど手につかなかった仕事に自然と集中していることがわかる。こうなれば、それまで糸口すらつかめなかったような厄介な仕事も、意外と何とかなってしまうものなのだ。しかも、最終的には意図せずともなかなかいい形に仕上がっていることが多いから不思議である。振り返ってみると、今までなぜ手がつけられなかったのかがわからないくらいだ。

私はよく雑誌などへの寄稿を依頼される機会があるのだが、期限が近づいてもなかなか筆が進まないのが常態化してしまっている。あとで苦しむことが頭ではわかっていても、どうしてもまったく関係のない本に手が伸びてしまうのだ。それでも、締め切りに苦しめられながら頭の中から搾《しぼ》り出した原稿を見返してみると、我ながらよくまとまっているな、と感心してしまうことがある。ユニークな発想が生まれてくるのも、決まって締め切り間際《まぎわ》のことなのだ。

実は、このようにぎりぎりまで仕事に取り掛かれない体質は、クリエイティブな仕事に携わる人ほど多い。作家と呼ばれる人たちは、一部の例外を除けば、締め切りに追われる人ばかりのはずである。彼らにとって締め切りは、土壇場《どたんば》での集中力を引き出す創作のためのツールと言ってよいだろう。たとえば、漫画家の手塚治虫《おさむ》は、次のような言葉を遺《のこ》しているそうだ。「締め切りがない作業なら思い切り楽しい仕事になるだろうが、おそらくまったく進行しないに違いない」。これには諸手《もろて》を挙げて賛成である。期限に追われ切迫した状況に置かれた時、やっとインスピレーションがもたらされるのだ。

もし、何かの仕事の期限を抱えていたとしても、まだ気乗りがしないようであれば機は熟していないのだと考えよう。おそらく惰性的に仕事に取り掛かったところで、その質に期待はできないだろう。思い切って遊ぶなり、いっそ仕事などできない状況に身を投じてしまった方が、よっぽど生産的な時間の使い方である。期限を気にしながら、遊びとしても仕事としても中途半端《はんぱ》な時間を過ごすのは、貴重な時間を捨てているようなものなのだ。

寄り道をしてゴミ探し

創造的な仕事をするために、前項に加えてもう一つ重要なことがある。それはできる限りの寄り道をするということだ。子供や大人げない人たちは寄り道を好み、興味を引かれることがあると本題から外れていってしまう。それは、そこにわくわくするものや新しい発見があることを、好奇心という嗅覚《きゅうかく》で探し当てているからである。

19世紀最大の発明の一つである電話を生み出したアレクサンダー・グラハム・ベルは、次のような言葉を遺している。

「時には踏みならされた道から離れ、森の中に入り込むのがいい。そこでは、今まで見たこともないものを見出《みいだ》すことができる」

このアメリカの偉大な発明家は、横道にそれて感性を刺激することが創造力を引き出すことに役立つのだと考えていた。

さらに、このベルの精神を引き継いだベル研究所では、現在までに多くの業績が成し遂げられている。たとえば、二十世紀最大の発明に数えられる半導体トランジスタも、この研究所によって生み出されたものだ。トランジスタは、それまで電気通信において主力技術であった真空管とは、質的にまったく違うものであったから、従来どおりの真空管研究の延長にトランジスタは生まれてこないことになる。当時、通信技術を研究の本分とするベル研究所では、進んでいた道は間違いなく真空管であったはずだ。しかし、あえて森の中に入ったからこそ、革新的な技術を誕生させることができた。イノベーションには、こうしたジャンプが不可欠なのである。

話を現代に戻す。この20年ほどで、最も私たちの生活に変化をもたらしたものに、インターネットの発達が挙げられる。これはベルとベル研究所が生み出した電話やトランジスタに勝るとも劣らない革新であったことは間違いない。さらには検索技術の向上も伴って、今では、知りたいことがあればグーグルにキーワードを打ち込むだけで、そのものずばりの答えを手に入れることができる。

こうして情報へのアクセスは格段に向上したが、手放しで喜ぶわけにはいかない。こうした検索型の情報収集に依存することは、危険性もはらんでいるからだ。

たとえば、インターネットが存在しない時代に何か調べ物をしようとすれば、かたっぱしから資料を広げたり、直接誰かに話を聞いたりと地道な情報収集をする他なかった。こういった方法では、あまり役に立たないノイズのような情報も多く伴ってしまうため、インターネットによる検索に比べれば非効率だ。しかしその一方で、こういったノイズこそが新しい知識への扉となり、アイデアのタネになっていた側面がある。これはよく「新聞の良いところは、多様なテーマが一つの場所に並んでいることで、興味と知識の幅が広がることだ」と言われるのと似たことである。

これに対し、インターネット検索による情報収集は、すぐに「答えと思しき情報」を探し当てることができる一見して無駄のない方法だ。しかし、多くの人はその答えを得たところで満足してしまい、その周辺を掘り下げることはしなくなってしまう。こうなると、人は踏みならされた道をさらに進み続けることになるのだ。

私はこれまで、仕事に行き詰まったときや新しいアイデアが必要となったときには、いっそ仕事のことは忘れて、テーマを選ばず本を乱読したり、遊びに出かけたりしていた。正直に告白すれば、とくにそれらが仕事のためだとは思っていなかったのだが、結果からいえば大いに仕事に役立ったと言える。

重要なのは、「いったん離れて、寄り道をしてみる」ことだ。得てして敬遠したくなるような厄介な問題は、今までどおりの思考回路では解決できない。新しい発想を生みだすにも、これまで述べたような思考のジャンプが必要になる。こういったときには、ほとんど関係のないことで違った刺激を受け、思考回路を切り替えることが肝要である。

私の経験から言えば、何か新しいものが生まれるときは、たいていそのきっかけに偶然性をはらんでいる。アイデアを生み出すには、この偶然性をいかに自分の味方につけるかが重要になるのだ。そして、私にとってその方法は読書である。これは子供のように無計画に寄り道をし、好奇心のおもむくままに雑然とした吸収を続けることに他ならない。

ここで、ベルと並んでアメリカの二大発明家とされるトーマス・エジソンの言葉を紹介する。

「発明には、豊かな想像力とゴミの山が必要だ」

子供が大事にするものは、大人には価値がわからずゴミに見えることが多いものだ。このように、他人にとってはゴミでも、自分が価値を見出せるものがあれば、それは最も大切にすべきものである。そこにこそ、あなただけの何かを生み出すヒントがあるからだ。

さて、本書を読んでいる人の中にも、いつのまにかテレビや雑誌の流行だけを追いかけていて、自分だけの何かを失っている人が多いかもしれない。しかし、それではいつまでも他人を追随することで終わってしまう。こういった人は、読書でも、旅行でも、沢山の人に会うことでもいい、多くの人がゴミとするものを拾うための寄り道に出かけてみよう。

空気を読んで空気のような人になる

「空気」が読めないことを指すＫＹ（ケー・ワイ）という略語が、若者言葉として登場して久しい。一般的に短命に終わることが多い新語・流行語の類であるから、すでにこれも死語となっているのだろうか。この言葉が流行した当時には、新聞の見出しにも登場するなど、耳にする機会が多かったように記憶している。これは、周囲との調和を重視してきた日本人の感性にとって、自然と吸収しやすい言葉だったのだろう。

現代では「空気」を読むことが、集団の中で生活するのにことさら重要だとされている。こうした風潮は、今ではテレビ番組の中だけに留まらず、企業や学校など多くの組織にも蔓延《まんえん》しているようだ。

しかし、私にとって「空気」を読んでばかりいる人は、いてもいなくても大差のない、存在感のない人である。他人の顔色ばかり窺《うかが》う。納得もせず、その場の流れに任せて自らの考えを曲げる。そのような人からは、新たな気づきも得られることはなく、建設的な議論も期待できない。自分を肯定してくれる存在は心地よいかもしれないが、長い目で見れば、付き合うことに価値があるとは思われないのである。

だから、現代の日本における「空気を読んで当然」といった風潮は、実におそろしい考え方だと思う。そもそも、この「空気」を論理的に説明することはほとんど不可能なのだ。それにもかかわらず、「空気」という何やらわからぬものに、多くの人が盲目的に思考を委《ゆだ》ねてしまってさえいる。

「空気」に支配された状況においては、たとえ重大な間違いを犯したところで、「あの場の空気では仕方がなかった」とでもいうような責任転嫁《てんか》が平気で行われてしまう。人々は、物事の最終決定者を「人ではなく空気」であったとさえ考え始めるのだ。歴史を振り返れば、こうした「空気」という存在の絶対化こそが、日本人が犯した致命的な判断ミスを生んだ元凶だったのではないだろうか。

ＫＹ自体は若者から発信された言葉であり、若者の間では「空気を読む」ことが大事にされているのだという。最近の小中学校では、「空気が読めない」ことがいじめの原因になっているケースが多いとまで聞くほどだ。これほどあやふやな理由で、自分の子供が傷つけられたらと想像すると、ぞっとしてしまう。

けれども、これほどまでに「空気」による拘束力を強からしめたのは、若者や子供ではなく大人たちである。若者たちが「空気を読む」ことを重要視しているのは、大人社会の影響を受けているからに他ならない。

「空気」に関する研究としては、『日本人とユダヤ人』（山本書店）の著者として有名な、山本七平の『「空気」の研究』（文春文庫）がある。山本によると、「空気」による支配が日本人の間で猛威を振るいだしたのは、近代化進行期であるとされている。徳川時代と明治初期には、少なくとも指導者には、「空気」に支配されることを恥と考える一面もあったという。人間とは、「空気」に支配されてはならない存在であるという考えが、確かにあったのだ。

さらに本書のなかで山本は、こうした「空気」こそが、日本を無謀な戦争に引きずりこんだのだと主張している。この時代には、客観的なデータもいくらか存在したが、これらに基づけばありえないような判断が、「空気」の後ろ盾によって積み重ねられたのだという。この歴史観が正しいとすれば、「空気を読む」という風潮は、明治中期以降の大衆操作を平易にし、人々から考える力を奪っていたのだ。少なくとも無言の圧力の中で、自らの考えを放棄してしまうのは、恐ろしいことだと認識したほうがよい。

また、戦争にいたるほど致命的ではないにしろ、こうした状況は、今日の企業における会議の場にも垣間見《かいまみ》ることができる。サラリーマンたちは、上司が的外れなことを言っていると感じたとしても、反論せずにただニコニコしている。自分の頭で考えることもそこそこに、それとなく多数派側の味方をする。こうした無色透明な人間がとても多いように感じるのだ。

もしあなたがこのように、ただ他人に同調するだけの存在であれば、この先誰かに必要とされることはないだろう。たとえ必要とされることがあったとしても、それはあなた個人ではなく、賛成の頭数が必要なときだけである。そんな人間がどれだけ集まったところで、何かを生み出すことはない。

だから、その場の空気に沿った無難な言葉を探すのではなく、少しでも人と違った考えを搾《しぼ》り出すことに努力をしたほうがよい。

日本には「出る杭《くい》は打たれる」ということわざがあるが、確かに空気を大事にする人にはこうした傾向があるようだ。しかし、打たれても出る杭でなくては、いつの間にか自分の居場所すらなくなってしまうのである。

自分を変えるなんて無理

私は、自分のことをいい加減な人間であると自覚しているし、他人から見ればふざけた性格であるとも思う。それでも、これまでに自分の性格を変えようと思ったことは一度もない。その必要があるとも思わないが、そもそも、意識的に自分を根本から変えることは無理だと考えているからだ。

けれども、人は基本的に無いものねだりである。だから自分の欠点を消し、自分にない長所を獲得しようと躍起になるのだ。本当に多くの人が自分本来の性格にかかわらず、より忍耐強く、より外交的で、より大胆で、より慎重でなければならないと思っている。

本書を書いている最中にも、ネットでは「The truth about grit」という記事が話題になっている。「Grit」とは「不屈の精神」「根性」と訳され、この記事では、「Grit」こそが成功者に共通する特徴だと言うのだ。こうした記事に注目が集まるのも、多くの人が、自分には「不屈の精神」がないと自覚しているからだろう。

もちろん、「不屈の精神」を持っていれば成功の可能性は高いのかもしれない。しかし、これを鵜呑《うの》みにして、今から「不屈の精神」を手に入れようと努力することは、むしろ成功へ遠回りすることになる。成功者の要素ばかり追いかける人の目の前には、次々と新たな要素が持ち込まれ、これらを手に入れようとする努力だけで一生が終わる。きっと「不屈の精神」の次には、「果敢な行動力」でも身につけようとするのだろう。こんなものはいくらでも出てくるのだ。

目的と手段を履き違えるとはこのことである。

こうした努力をするよりも、「不屈の精神」を持っている人には持っている人なりの、持っていない人にはそれなりのやり方がある、と考えるべきだ。すぐに物事に飽きてしまう人も、どんどん切り替えて新しいことができれば、「不屈の精神」を持っている人と同じくらい成功に近いはずである。「不屈の精神」を持っていたばかりに、芽の無いことを諦《あきら》めきれず失敗するということも沢山あるだろう。

私の父親は、私が若いときから「お前に会社勤めは絶対に無理だ」と言い続けていた。その理由は、目上の人の言う事は聞けないし、規則正しい生活ができるはずもないと言うのだ。まさにそのとおりであった。

マイクロソフト時代から、上司の言うことには無視を決め込んでいたし、ほとんど会社にも行っていなかった。これは、社長になってからだけではなく、課長や部長のときからで、連続して五日も出社すれば周囲に驚かれたぐらいである。最初に入った会社の３年間は、さすがに毎日出社したが、毎朝きちんと起きて出社、ということはまったくできなかった。

それでも最初の会社では、クビになることもなく多くの経験をさせてもらうことができた。さらにマイクロソフトでは、最も刺激的な時代を前線で体感した。まがりなりにも会社勤めができたのである。そして、それなりの結果も残してきたつもりだ。

私が幸運であったのは、自分をそのまま生かせる場所とやり方を見つけられたことである。逆に、周りの環境に自分を無理に合わせたり、誰かの真似《まね》はしてこなかった。そんなことはできるわけがないとわかっていたからだ。多くの大企業のように、遅刻したら即始末書という環境にいたら、３年ともたなかったのではないかと思う。

自分は変えられないのだから、他人の成功法を模倣したところで結果は出ない。たとえ真似できたとしても、皆が同じやり方をすれば、自分が抜け出すということはないのだ。

たとえば、用意周到な人であれば、納得の行くまで綿密な計画を立てるのがいいだろう。一方、準備が苦手な人は、とりあえずやってみて、走りながら考えればいいのである。どちらの方がいいとは、誰にもわからない。結局は自分に合った方法を模索するしかないのである。

さて、ここまで読むと内容に矛盾を感じた人も多いだろう。自分を変えることは無理だとしているにもかかわらず、本書では大人げなさを持てと言っているからだ。

しかし、これは矛盾していない。私が本書を書いているのは、多くの人がいい大人げなさを持っているのに、それを生かしきれていないと考えているからだ。それでも、自分にはまったく大人げなさはないと言い切れる人は、これ以上本書を読むことは時間の無駄だ。ひたすら大人でいることで、人生を楽しく生きる方法もあるはずだから、それを考えた方がよい。

繰り返すようだが、私は、人は誰もがどこかで大人げなさを持っていると信じている。それを覆《おお》い隠すべきものだと思わずに、生かすことを考えるべきなのだ。そうすることで、人生はまるで違ったものになるはずである。

さて、次章では、実践編として自分の中にある大人げなさを呼び覚ますための具体的な方法の紹介に入る。もちろん、自分に合わないと感じるものを無理に取り入れる必要はない。大人げなく生きるとは、どこまでも自分に素直に生きるということでもあるからだ。

第4章　大人げなく楽しく生きる方法　実践編

子供の頃の趣味を維持しよう

最近のあなたの休日を思い出してみてほしい。時を忘れて何かに没頭する時間、友人に面白おかしく語れるような1日はあっただろうか。

平日は仕事に忙殺され、休日はぼんやりと過ぎていく。そんな状況に陥っている人も多いのではないかと思う。そして、こうした生活を送っている人たちの言い訳は決まってこうなのだ。

「忙しく働いているのだから休日くらいはゆっくりしたい」

しかし、このような生活を何十年と送ったところで、果たして豊かな人生と言えるかは疑問である。いつの日かふと気づくはずだ。今まで自分は一体何をしてきたのだろう、と。

そんな人たちは、今すぐに、自分が子供の頃に夢中になっていた趣味やスポーツに再挑戦するべきだ。適当な理由をつけて先延ばしにしてはならない。すぐに週末に向けて準備に取り掛かるのだ。

こう言うと、趣味などは老後の楽しみにとっておけばいいなどと考える人もいるかもしれない。しかしそれは危険な考え方だと思う。何事も本当に楽しめるようになるまでには、思いのほか時間がかかるものだ。

誰しも子供の頃を思い出せば、夢中になっていたものの2、3はすぐに挙げられるだろう。その一つ一つでプロになれとは言わないが、素人《しろうと》としてでもその道の奥深さに触れ、達成感が得られるような研究対象とするには、1つにつき3年はかかるのではないかと思う。手っ取り早くノウハウ本に習い、書いてあるとおりの結果を出したところで、真の達成感にはほど遠い。また、単に結果を手に入れるのではなく、その過程で自分なりの試行錯誤を繰り返す時間こそが、趣味そのものなのだ。

残された時間は案外短い。

人間が趣味や好きな事に没頭している時には、脳内で多くの化学物質が分泌されるのだという。ドーパミンと呼ばれるこの物質は、脳が「喜び」を感じたときに、脳の中心部である中脳から分泌される神経伝達物質の一種である。ドーパミンは、人間の意欲や動機、学習といったものに強い影響力を持つと言われている。

脳科学の本を読めばわかるが、このドーパミンが分泌され始めると、脳はより効率的に分泌作業を行うべく、ニューロンという神経細胞をつなぎ変えようと活動する。ニューロンとは、脳の情報処理・伝達を司《つかさど》る要《かなめ》の細胞であり、このニューロン同士のつなぎ目がシナプスと呼ばれる。この脳内で起こるニューロンのつなぎ変えこそが、学習そのものなのだ。こうして脳は快感を覚え、さらなるモチベーションが引き出されるのだという。

私自身の感覚では、ドーパミンが分泌されている状態とは、いつしか時を忘れ、目の前のことに没頭している時間を指すのではないかと思う。集中が途切れ、ふと一休みした時には、心地よい疲労が体に残っている。

私はこのような時間をできる限り長くもつことこそが、人生を豊かにする最も重要な方法だと考えている。この時間は、それ自体が貴重であると同時に、この中では〝歩留まり率〟が非常に高いのだ。このことは、先ほどの脳科学からも説明がつきそうだ。

たとえば、私にとっての趣味とは読書やプラモデルである。私はこれらの趣味にできる限りの時間と金を費やしている。

私が趣味に対し投資を惜しまないのは、やはりこれらに没頭している時間が、人生で最も重要であると認識しているからだ。平日は好きになれない仕事に忙殺され、あとは休息をとるだけ、という人生にはまったく共感はできない。好きなことに夢中になっている時間こそが、人生を豊かなものにし、創造性の土壌を肥やしてくれるのだ。

あなたは最近、時間を忘れて何かに没頭したことはあっただろうか。もう一度、自分自身に問いかけてみてほしい。もし思い当たらないのであれば、すぐに行動を起こしたほうがよい。そのときはまず、「趣味の作り方」などという本や雑誌を開くのではなく、自分自身の子供時代をよく思い出してほしいのだ。

子供の頃に、次の休日には何をしようかとわくわくどきどきした感覚を取り戻せば、きっといてもたってもいられなくなるはずだ。

大人を怒らせよう

子供は大人を怒らせる。同じように大人げない人も人を怒らせるのが得意だ。子供が大人を怒らせる場合には悪気はないだろうが、大人げない人たちは、多くの場合それをあえてやっている。他人が怒るようなことにこそ、重要なことが隠されていると知っているからである。

新しいことを始めるということは、既成の秩序を覆《くつがえ》すことに他ならない。だから、そこには怒りだす人が必ずいる。逆に、怒る人がいないようなことは新しくもないし、取るに足らないことである。たとえば、あなたがいくつかのアイデアの中から1つを選ぶ必要があるとする。そのときは、浮かんだアイデアの中で最も多くの人を怒らせるようなものを選ぶべきである。怒る人が多ければ多いほど、その怒りが大きければ大きいほどいいだろう。

その根拠は次のとおりだ。

既存の体制に何か弱点があるとすれば、それを最もよく知っているのは、その体制の中で恩恵を受けている人だ。その仕組みがなぜ利を生むのかを理解し、これがいつまでも続くように守ろうと必死になっているからである。だから、こうした人たちは、その弱点に近づく人間に対しては烈火のごとく怒りだす。逆に的外れなところを突いている人には、ニヤニヤと笑いながら、まあ頑張りなさい、と声を掛けるのである。

ソフトバンクの孫正義が、携帯電話事業に参入したときにやったことがこれに当てはまるだろう。それまでは、この業界には複雑で高い料金のまま硬直した料金システムしかなかったが、ソフトバンクは、超低価格でシンプルな定額料金を導入した。これによって日本の携帯電話の料金システムは激変したのである。

こうしたアイデアを、他の事業者が思いつかなかったわけではないだろう。当然のように一つの戦略と認識していたはずである。しかし当時、携帯電話事業者がこの世の春を謳歌《おうか》していたのは、まさにこの高止まりした料金システムのおかげであり、同時にこれが最大の弱点であった。既存の事業者は、この弱点を死守しなければいけない立場にあったのである。

だから、ここに手をつけたソフトバンクに対しては、他の事業者からの非常に強い反発があった。一部では、安売りは長続きしない、将来のインフラ投資がおろそかになる、などといった批判もあったようだ。なるほど、こうして弱点を突かれたときのために、既存勢力の人たちは、事前に批判の仕方を考えているのだろう。投資への財政的な不安を煽るあたりが、政権交代を狙った民主党に対する自民党の批判にそっくりなのである。

その他にも、ライブドアを率いていた堀江貴文も、徹底的に大人を怒らせていた。積極的な企業買収に加えて、プロ野球界や個人としての政界への進出がこれに当たるだろう。結果として、国家権力の介入ということになったのは残念だったが、見方を変えれば、それだけ既存体制の急所に近づいていたということかもしれない。

さて、私が働いていたマイクロソフトは、かつて世界で最も多くの人を怒らせた企業であったと思う。中には、この会社を「悪の帝国」とまで呼ぶ人もいたぐらいだ。その時代に社長を務めていた私は、当時、日本で最も敵の多い社長であったかもしれない。

マイクロソフトが多くの人を怒らせた理由は、「すべての机と家庭にコンピュータを」という途方もない夢を抱えていたからである。そのためにマイクロソフトは、すべての机と家庭に自社製品を置かなければいられなくなるような状況を作りだしたのだ。

具体的に言えば、「ネットワーク外部性」と呼ばれる現象を利用した。「ネットワーク外部性」とは、電話などのネットワーク型のサービスにおいて、加入者の数が増えるほどユーザーの便益が高くなるという現象のことである。たとえば、昔の電話では自分の加入した通信会社を超えて通話することができなかったから、新規ユーザーは、なるべく多くの加入者を抱えた事業者を選択することになる。

これをOSの主権争いでも応用したのだ。マイクロソフトのユーザーが増えれば増えるほど、その後のユーザーは、マイクロソフトを選択しやすくなる。ユーザーが増えると、サードパーティーであるソフト会社も、マイクロソフトのOS上で起動するアプリケーションを開発する。アプリケーションが増えれば、さらにOSのシェア争いでは優位に立つ。この正のスパイラルが作用したのである。

こうしてマイクロソフトのシェアは確固たるものとなり、他の事業者にとっては切り崩しが困難となった。この状況に、周囲の事業者たちは激怒したのである。

大人たちは普段は冷静を装《よそお》っているが、自分にとって致命的なことになると突然怒りだす。だから、大人や既存勢力を相手に戦おうと思えば、相手を怒らせるところまでやるぐらいが丁度いい。

もし、何かアイデアをひねり出そうと思うのであれば、あなたの周りにいる最も頭の固い大人を思い浮かべてみよう。その人がどうすれば怒りだすかを考えれば、大人げなく楽しいアイデアが思い浮かぶはずだ。

楽しむための仕掛けをつくる

大人の男と少年の違いは、おもちゃの値段だと言われることがある。多くの人は、大人になると単純な遊びに満足できなくなる。ゴルフや自動車、旅行にショッピングなど、高価な道具とお膳立《ぜんだ》てされたフィールドが必要になってくるのだ。一方で子供はといえば、テレビゲームに熱中することも多いが、広場さえあれば、鬼ごっこでも何でも自分たちでルールを作って楽しむことができるのである。

第2章において、私が新人時代に、テレックスの打ち込みという仕事を1年も飽きずに続けることができたというエピソードを紹介した。このときは、無知であったから楽しめたと説明したが、それだけでは納得できなかった人も多いはずだ。まったくそのとおりである。これにはちょっとした仕掛けがあった。

テレックスのキーパンチャーをやることになった当初は、上司が書いた英語の文章を単に打ち込むだけであった。そのうち私が慣れてきたなとわかると、その上司は、日本語の文章を渡してくるようになり、英訳も自分の仕事となった。このように、徐々にハードルを上げてモチベーションを維持させようというのは、当時の上司が巧みであったのだろう。しかし、これ以降は、さらにハードルを上げられるということがなかったので、私は自分でこの仕事の楽しみ方を探すことになる。そのために私は、自らのために仕事のルールを作っていった。それは、いかに効率的な英語で通信を可能にするかということである。

当時のテレックスのシステムといえば、文字数に応じて課金される料金体系であった。つまり、長い文章になればなるほど高額になるので、なるべく少ない文字数によって通信しようとすることになる。たとえば、今日でもネット上で英語のチャットを利用する人は、〝THANKS〟と書きたい場合に、時間を節約しようとして〝THX〟と打つことがあるだろう。実はこれは、テレックスが利用されていた時代に考案されたものである。そのほかにも〝PLEASE〟は〝PLS〟、〝QUANTITY〟は〝QTY〟というように、ビジネスにおいて使用頻度の高い言葉に関しては、3文字の略語があてられ、それらの辞書まで用意されていた。

辞書があるといっても、すべての単語に略語が用意されているわけではないから、短い文章にするためのポイントは、より簡潔な英文を作ると同時に、できる限り略語のある単語を使うことを考えなければならない。このバランスはなかなかに難しく、1年間の研究対象としては十分なものであった。上司に言われたわけでもなく、私はゲーム感覚で、いかに少ない文字数で取引先とコミュニケーションをするかということに熱中していたのだった。これは楽しい遊びのようなものであった。

このように、単純な仕事でも楽しむためには、なにかルールや仕掛けを作って、それ自体に子供のように面白がって取り組むことが必要だと思う。子供は、ただ横断歩道を渡るだけでも、白線の部分しか踏んではいけない、などと勝手にルールを作って遊びにしてしまう。こういった経験は誰にでもあるはずだ。

これは仕事でも考えられることである。与えられた単調な仕事でも、できる限り早く終わらせようと時間を計ってみたり、いかに同僚を驚かせるか、別の方法を考案してみたりいくらでもやりようはある。

もしあなたが、この仕事はつまらないなと感じてしまったら、それは仕事が単調だからではなく、自分がつまらなくしているのである。どんな仕事でも、自分なりの工夫を加えれば楽しい遊びにすることはできるはずだ。まずはその仕掛けをつくることを考えてみるのがいい。

キャリアプランは持たない

最近では、転職支援会社の人間が「キャリアプランナー」だとか「キャリアカウンセラー」などと名乗っているという。日本でもいくらか転職市場が成熟してきたところに、マーケットを活性化させようと画策するマーケティングの一種であったのだろう。キャリアプランニングという言葉が盛んに取りざたされ、今では学生までが、将来のキャリアプランがどうのと言いだす始末である。

このキャリアプランニングとは、情報収集を重ねて計画的なステップアップを設計することなのだそうだが、こんなものが一体何の役に立つのだろうか。そもそもどんなに時間をかけて情報収集をしたところで、知ることができるのは今日現在のことだけである。ビジネスの世界で、今日現在のことにいくら詳しくなろうとも仕方ないのだ。かといって、数年後の見通しをつけようとすれば、それはこの上なく厄介なことである。もし、数年後のことがある程度でも予想できるのであれば、その人はキャリアプランナーになって他人の愚痴を聞くよりも、自分でビジネスを起こした方が比べ物にならないほど儲《もう》かるだろう。こういった人たちが、あなたの人生を保障することなどできないのは当然のことである。

私自身のことを言えば、これまでキャリアプランはもちろん、キャリアというものへのイメージすら持ったことはない。大学を卒業した時には、まともに就職活動すらしていないほどである。

結局、新卒としては自動車部品メーカーに就職したのだが、それも当時の彼女で今の家内の知り合いのそのまた知り合いが、地元でガソリンスタンドをしていて、そこの客が新卒を探しているというだけで入社を決めた。当時の仕事選びの基準は、人に頭を下げなくてもいいかどうかであったので、メーカーであれば大丈夫だろうと考えたのだ。この会社には3年ほど勤めたのだが、原材料の仕入れから生産そして営業、さらには経理まで、ほとんどすべての業務に携わった。この経験があったからこそ私の経営者としてのベースが作られたと、今でも感謝している。

その後、大阪勤務になってしまったところで、どうにも土地柄に馴染《なじ》むことができず、退社を決意することになる。もちろん、別の仕事にチャレンジしてみたいという気持ちもあった。こうして選んだ会社が出版社のアスキーである。またしてもこれなら人に頭を下げなくてもいいだろうと本気で考え、出版社への転職を決めたのだ。

もともと本が好きな性格であるから、アスキーへの入社初日を迎え、意気揚々と出勤すると、3時間ほど経《た》ったところで突然、子会社であるアスキーマイクロソフトへ出向を命じられてしまった。アスキーマイクロソフトは、アスキーがマイクロソフトの日本国内総代理店となるにあたって設立され、ＢＡＳＩＣやＭＳ－ＤＯＳなどの販売を担当していた会社である。アスキー自体も、コンピュータ関連を主軸とした出版社であったが、この子会社への出向は、それまで考えていたものとはほど遠い業務に就くことを意味したのであった。

しかしこの時、私はこの辞令に対し二つ返事で了承したのである。出版の仕事に就きたいという気持ちもまだ残っていたが、当時から、コンピュータという新たな技術に可能性を感じていた私にとって、これはとてつもなく大きなチャンスに思えた。この分野は成長しそうだ、どうせ働くなら成長分野が面白そうだ、と考えるに至り、即座に飛びついたのだった。この瞬間から、約20年間という年月をコンピュータ業界に費やすこととなる。

今では、あのまま自動車部品メーカーに勤めていたら、だとか、出版の仕事をしていたらどうなっただろうかと想像してみると楽しいものだ。人生に訪れた転機でしてきた決断が、本当に良かったのかどうかはわからないままである。もしかしたら、さらに楽しい人生が待っていたかもしれない。

しかし、これまでの私の生き方がよい方向に転んでいたとすれば、これはキャリアプランニングの考え方では説明できないものである。

キャリアプランニングのカウンターとなる考え方に、「Planned Happened Stance」というものがある。日本語では「計画された偶然性」とされている。これは、目標を定めた計画性を志向するキャリアプランニングに対して、世界を不確実なものと捉《とら》え柔軟性を重視する考え方である。

もちろん運を天にまかせ、偶然の何かを待つだけではいけない。むしろこの考え方では、偶然性を味方につけるための努力が要求される。あちらこちらにチャンスを呼び込むタネを蒔《ま》き、そのチャンスをつかむために自分の力を磨くのである。これに対して私の方法は、自分の感性に従って趣味や仲間をつくり、膨大な読書をすることであった。

ビジネスの世界に身を投じるのであれば、どこで自分を活《い》かすことができるか、どういったところで最も面白く働けそうかを常に考えなければならない。そして一度チャンスを見つけたら、思い切って飛びつくことが必要である。おそらくこれ以外に成功の秘訣《ひけつ》と呼べるものはないはずだ。

英会話もいらない

これまで、キャリアプランなんて必要ないと述べたが、これと同じように、時間とお金を投資する価値がないと思われるのが英会話だ。私は、日本の詰め込み型の英語教育は基礎として十分だと考えているから、英会話などというものに時間を浪費してはいけないと言いたいのである。

まず、年間数十万円ものお金を払って学校に通う必要はまったくない。アメリカに行けば3歳の子供でもペラペラしゃべっているし、日本人でも半年ほど現地生活を送れば、誰でも身についてしまうものだ。英会話に限らず、ほとんどの外国語でも、日常会話ならば習得することはそれほど難しいことではない。

昭和初期にあって、稀有《けう》な国際人といわれた川添浩史《かわぞえひろし》がフランス語を習得したエピソードはユニークである。彼はなんと2ヶ月程度の船旅を経ただけで、日常会話をこなすようになっていたという。彼の友人である井上《いのうえ》清一が語るところによると、効率的な方法はこうだ。まず船内で家族連れを探しだして子供と話す。次に、その上の高校生くらいのと話す。そして最後に大人をつかまえて喋《しゃべ》れば、2カ月でもたいていのことはわかるようになっていたという。

日本人は不思議なもので、英語以外の言語に関しては、ちょっとしたフレーズを覚えただけで、すぐに試してみたくてウズウズする。韓流ブームに乗ったおばさまたちは、韓国語ハンドブックを手に意気揚々と出かけていった。英語圏以外の国で、その土地の言葉を覚えて、身振り手振りを交えながらコミュニケーションをとろうとした経験を持つ人も多いだろう。

しかし、ことさら英語になると誰もが突然口ごもってしまうのだ。外国語としての英語は、文法は完璧《かんぺき》、知っている単語もゆうに一千は超えているというのに、ほとんどアレルギーに近いほど話せない。これは、むしろ充実した英語教育が仇《あだ》となって、話せないことは恥ずかしいことだという意識があるからだ。こういった反応が起こるのでは、英会話教室以前の問題だ。この殻を打ち破るには、英語を話すことが避けられない状況に身を投じる以外に方法はないのである。

多くの人が、特殊な訓練が必要だと考えるビジネス英語となると、話はもっと簡単だ。ビジネスシーンでは、誤解を防ごうとするため、ネイティブスピーカーの側が配慮をしてくれるからである。会話で理解が怪しい場合は、いつでも聞き返すことができるし、こちらがあいまいに理解していそうだと、むしろ相手が言い換えてくれる。

メールになれば、そもそも長く書くことが面倒なので、明確かつ簡潔に書いてくる。こんなやり取りを数ヶ月も続ければ、自動的に上達し、ほとんど困ることのないレベルにまで到達するのだ。もし、コミュニケーションがうまくとれず、ビジネスを断念することがあったとしたら、それは、相手側が端《はな》から一緒に仕事をする気がなかったということだ。英会話以前の問題である。

事実、中小企業でも、海外進出をしている会社の経営者は英語を話すことができる。本当に必要にかられれば、英語が支障となって海外進出ができないということはないはずである。

それよりも、外国のエリート層と話していて恥をかくのは、自国の歴史や文化を知らなかったときだ。彼らはシェークスピアはもちろんのこと、ローマ史まで熟知している。日本人としては、源氏物語や歌舞伎《かぶき》についてだけでも語れるようにしておくといいだろう。世界最古の長編小説の要約を覚えておけば、自分でも驚くほど自慢できる。そのとき、あなたは紫式部に心の底から感謝することになるはずだ。

資格を頼りにするのはやめよう

英会話と同じように、資格試験についても時間とお金を無駄に投資することは避けた方がいい。無論、弁護士や医者をはじめとして、高度な専門性を有し、資格がなければそもそも仕事ができないものは別である。ここでは、ビジネスマンが少しでも履歴書の見栄《みば》えをよくしようと、内職をしながら取得を目指すような資格のことを指している。

ブログを始めてからというもの、コメント欄で学生さんからの質問を受けるようになった。よくあるのが、「役立つ資格は何か」というものだ。結論から言えば、お勧めできるようなものはない。ただし、簿記3級だけは別である。とはいえ、これも資格が目的ではなく、簿記の勉強をすることで、会社がどのように運営されているかを知るために役立つからである。いわば社会人としてスタートラインに立つための必要条件のようなもので、試験に合格したからといって何か有利になるわけではない。いずれにせよ、資格をとれば役に立つと安易に考えるのは、とんでもなく愚かなことである。

誤解のないように言えば、資格は当然ながら、ある程度の知識を有していると保証してくれるものではある。会社としても、採用選考の段階では、有資格者を優遇するということがあるかもしれない。

しかし、「こんな資格を持っている」ということばかりアピールする人間は、同時に「僕は同じ資格を持っている人間となら、いつでも交換可能です」と言っているようなものである。こういった人は、たとえ雇ってもらえたとしても、数年後に、給料が上がる前にお払い箱にされるのがオチだ。もっと若く給料の安い資格保持者を雇ったほうが、結局のところ会社が負担するコストは安いのである。

ちなみに、今年の4月に私の娘が新卒として就職したのだが、彼女がまだ内定者の身分だったときに、会社から英語と簿記の資格をとるように言われていた。私は、それらは最低限クリアすればよいものとして、ほかにゴルフを始めることを半ば強制したのだ。会社から要求されているものは、新卒社員としての入社条件であって、他の同期社員と肩を並べるためのものである。もし、同期社員と差別化されることを望むのであれば、必要とされる以上の余力は、それ以外のことに振り向けるべきだろう。

結局のところ、英会話も資格も、この勉強に躍起になる人が目指すところは一緒なのである。第三者にわかりやすく評価してもらうことで安心したいだけなのだ。しかし、わざわざ他人と同じ尺度で評価されるところに飛び込んで、どんないいことがあるのだろうかと私は思う。それでは、他の資格保持者とひとくくりに、つまり何万、何十万人という人間と同じように扱われるだけである。そんな競い方は、受験勉強のときだけで十分ではないか。ビジネスにおける競争は、大学試験とは違って無限のバリエーションが考えられる。学歴もお金もない人が、新しいアイデアを思いついたり、目のつけどころが人と少し違っただけで、突如としてすさまじい結果を残すこともある。逆に、どんなに沢山の知識を覚え資格を取得したところで、大勢と同じことを突き詰めているだけでは、どこまでも消耗戦が続くだけなのだ。それではせっかくの広大なフィールドを生かしきれていないと言えるだろう。

もし、ビジネスの世界で新しいことをしたい、お金を稼ぎたいと考えるのであれば、一人だけ違うことを目指さなければならない。人と違う経験をし、人と違う考え方をする。こうすることでしか、ユニークなアイデアを発想したり、会社で替えのきかない人材になることはできないのである。

極端なお金の使い方をする

サラリーマンの小遣いの額は、日経平均株価と連動しているといわれる。新生フィナンシャル株式会社（旧社名　GEコンシューマー・ファイナンス株式会社）が、サラリーマンの小遣いに関して毎年行っている調査によると、2009年調査では平均4万5600円で、これまでの調査史上最高額は1990年の7万6000円なのだという。日経平均株価の史上最高額は、1989年の大納会に記録した3万8915円87銭であるから、この連動説はいくらか信憑性《しんぴょうせい》があるのかもしれない。

しかし、あなたがいくら努力したところで日経平均株価は倍にならないが、お金と時間の使い方次第で、収入を倍増させることはそれほど難しいことではない。そのためには、月平均5万円と仮定して、年間60万円ほどのお金をどのように使えばいいだろうか。私の答えは、できる限り極端に、ということである。

たとえば私の場合、これまでいろいろなところで述べてきたように、使えるお金はすべて本に注ぎ込んできた。新卒として入社したばかりで給料が少ない時代にも、その大半を本に費やした。その後、収入が増えれば増えるだけ、購入する本の量が同じように増えていっただけである。30代前半までは、給料の7割が本代、あとの2割がパソコン関係、最後の1割が生活費という具合であった。そのせいで生活の苦しい時代もあったが、今の自分があるのは、間違いなくこういったお金の使い方をしたおかげである。

そのうち、欲しいだけの本が買えるまで収入が増えると、余裕の出てきた分のお金もまた極端な使い方をするように努めてきた。たとえば、趣味のレコード収集によって手持ちのレコードは、今では２０００枚を超えてしまっている。すでに自宅と別荘は、本とレコードでほとんどパンク状態だ。

趣味以外の日常生活におけるお金の使い方も、同じスタンスである。会社の近くで飲みに行くことがあれば、３０００円以下でたらふく飲み食いのできる居酒屋「よしの」に行くか、一人5万円の「津やま」に行くか、ということになる。普段着はほとんどＧＡＰだが、その上に、ＧＡＰの服が１００枚くらい買える値段のジャケットを羽織って出かけたりするのだ。時計も、ブルガリなどのおしゃれ時計も一応は持っているのだが、最近のお気に入りはモモデザインのデジタル時計である。

こういったことも、中途半端《はんぱ》なお金の使い方は何にもならないと考えるからだ。友人が持っているからといって、なんとなく流行物を手にしてしまうのは愚の骨頂だ。

自分が好きで、本当にその価値がわかるものにはいくらでもお金を注ぎ込むべきだし、わからないものは、一番安いもので済ますくらいの極端さが必要である。

よく、現代は広告にあふれた社会だといわれる。ずいぶんと昔から広告を目にしない日はないのだが、今ではさらに広告の巧妙化が進んでいる。プロダクト・プレイスメントや記事広告という手法が登場し、純粋なコンテンツと広告の境目があいまいになってきているのだ。

プロダクト・プレイスメントとは、ドラマや映画のなかに、さりげなく企業の商品を登場させる手法である。また記事広告では、あたかも通常記事のような体裁で企業のPRが掲載されることになる。最近では、ブログで大量の情報が発信されるようになったが、このブログでも、有名人が企業からお金を受け取って商品のお勧め記事をアップしたりしている。

こうした時代には、消費者はより賢いお金の使い方をしなければならない。テレビや雑誌に煽《あお》られるがままお金を費やすようでは、それはすべて死に金だ。こうして購入したものはすぐに陳腐化して、自宅にゴミの山を築くことになる。

重要なのは、自分が本当にわかるものだけに、大人げなく、そして極端にお金を使うことである。そうすることで、人と違う経験や考え方ができるようになり、おのずと収入も増えていくのだ。

広告の口車にのせられて、年に一度の海外旅行、月に一度のちょっと贅沢《ぜいたく》な食事、そして毎日コンビニでほんの少し無駄遣いをしたとする。おそらくこれだけで年間60万円というお金はとたんに吹っ飛んでしまうだろう。これでは結局、自分の手元には何も残らないということになってしまう。

こうして無目的な浪費を続けていては、あなたの小遣いが日経平均株価との連動から抜け出すことはないだろう。

時間の使い方は一点集中浮気型

インタビューを受けている時に、時間の使い方の秘訣《ひけつ》を聞かれることがある。私はそんな秘訣は知らないが、多くの人にとって、どう時間を使えばよいかというのは大きな関心事らしい。

そもそも時間をどう使うか考えてしまう人は、その時点で時間の使い方が下手な人だと思う。スケジュール表とにらめっこしながら時間のやりくりをしている人は、自分は時間を有効活用していると錯覚している。予定を詰め込むこと自体に熱中してしまって、物事の優先順序を見失っているのだ。どれだけ自分のスケジュールが詰まっていて忙しいのかを自慢げに話す人や、予定帳が埋まっていないと不安を感じる人もいると聞くが、ほとんど病気に近いのではないかと思ってしまう。スケジュールどおりに一日を終えると、どんないいことが待っているのか教えてほしいものだ。私にとってそんな日々は、ただの作業のように感じられてしまうのである。

さらには、書店に行けば時間術と題したノウハウ本を数多く見かける。こうした本を買う人は、そんな本を読む時間こそが無駄だとは考えないのだろうか。ノウハウ本を読んだところで、自分の使える時間が増えることはないし、その時間を振り向けるのにふさわしいことが見つかることはないのである。

それでもこうした時間術が好きな人がいるならば、私がたったいま思いついた時間術を授けたいと思う。その名も一点集中浮気型の時間術である。

やり方は至極単純だ。時間があれば、そのときどきで思いついたことにしたがって熱中し、そのうちに飽きたり、他のことをしたくなってきたら我慢せずにすぐ次のことへ乗り換える。だから一点集中浮気型である。

最近、私が主に時間を使っていることは、読書とプラモデルと歌舞伎の三つである。できることならば、これらを全部同時にやってしまいたいと思っている。歌舞伎座で観客席に座って役者を眺めながら、舞台の上に本をＯＨＰか何かで投影してもらって読む。そして手元ではプラモデルが作れたら最高だなと本気で思う。どう考えても物理的に不可能なのだが、これにゴルフも足すことができれば言うことはないだろう。

けれども、実際には二つのことでさえ同時にやるのは不可能であるから、まずは目の前のことに一点集中である。一つのことに熱中していると、時間が濃縮され自然と他のことをするための時間ができてくる。そうすればまた思いついたことをやればいいのである。

やりたくないことをしている時間が長く感じられるのは、その時間の内容がどうしても希薄になってしまうからである。自分の心情に動きがないから退屈になってしまう。これを防ぐためにはどうしたらいいかといえば、自分が時間を忘れて没入できることを探すしかない。つまり、いい時間の使い方をするためには、時間の使い方それ自体を考えても意味はないのである。何に時間を使うか、その振り向ける先を探すことを第一としなければならないのだ。やりたいことが山ほどあって、どれから手をつければいいかわからないという幸せな人以外は、時間の使い方を考えている場合ではないのだ。

さて、途中でこの項を読み飛ばしもせず最後まで読んでしまったあなたは、すでに数分の時間を無駄にした。私もこんなふざけたことを考えて時間を無駄にした。今後はそんなことがないようにしたいものである。

神話をつくろう

個人でも会社でも、最も効果的なマーケティングの方法は、神話をつくることである。神話というと少し仰々しいかもしれないが、人が人に話したくなるような面白い話だと理解してくれればいい。自分が言っては、ただの自慢話にしかならないようなことも、他人に語ってもらえば神話になるのである。

たとえば、社外での会議では、始めの数分は取るに足らない世間話になる。この場で「そういえばこの前変な人に会ってー」などと時間つぶしの話題に上れば最高だ。間接的な紹介以上に人の興味を誘うことはないのである。こうして話は、自然と一人歩きしていくことになる。

こう言うと、話題になるようなことができるのは、一部の限られた人間だけだろう、と思われるかもしれない。マイクロソフトにおいて、ビル・ゲイツはほとんど生きる神話状態なのだが、これはあまりに特殊な例だ。二度以上会った人間の名前はすべてフルネームで記憶している、といった逸話には事欠かないが、真似《まね》することはまず不可能である。しかし、そうでなくても、神話は意図的につくることもできる。

本書の第1章では、グーグルについて取り上げたが、彼らのサクセスストーリーは小さなガレージから始まったとしてあまりに有名だ。その一方で、今では世界最大のショッピングサイトとなったアマゾンの創業者であるジェフ・ベゾスは、さらに面白い。後に会社が大きくなったときに、「アマゾンも始まりはガレージだったんだ」と言いたいがためだけに、ガレージを出発点に選んだそうだ。彼は、アマゾンが数あるベンチャー企業の一つに過ぎなかった時代から、このことを周囲に話していたはずである。なんとも子供っぽい話だが、これを聞けば、変な奴《やつ》がいるな、と人の記憶に残ったことは間違いないであろう。

さらに事例を付け加えるのであれば、アウトドア用品メーカーであるパタゴニアについても触れなければならないだろう。創業者イヴォン・シュイナードの著書『社員をサーフィンに行かせよう』（東洋経済新報社）は是非とも読んでほしい。この会社の、社員は勤務時間中でも自由にサーフィンに出かけることができる、という創業間もない頃からのルールは、すでに神話化されていると言ってもよい。社員と自分自身がサーフィンに行くために、オフィスを海岸近くに構えているというが、こうした自由さも人を惹《ひ》き付けるにもってこいの特徴である。シュイナード自身は、社員の誰よりもスポーツに出かける機会が多く、一年のおよそ半分は会社にいないという。彼はこれをＭＢＡ、「Management By Absence（不在による経営）」と呼んでいるというから、言葉選びも巧みである。ここまで徹底されていれば、話題にするなというほうが無理な話だとは思わないだろうか。

こうした例を紹介してもまだ、これも一部の人間だからこそできることだと思う人がいるかもしれない。また、こうした逸話は、周囲の人間が自発的に読み取るから面白いのであって、意識的に話題にさせようとするのは、少しいやらしくはないかと懸《け》念《ねん》する人もいるだろう。しかし、そんな悠長なことを言っていては、いつまでたっても人に知られることはない。パタゴニアの例も、その理念は社是として言語化し、書籍という形で世に放ったからこそ、人々の共感を呼ぶに至ったのである。どれほど素晴らしく面白い取り組みも、人に気づかせるために少しぐらいは誘導してあげることが必要になるのだ。

では、首尾よく興味を持ってもらうにはどのようにすればいいか。たとえば、私が読書家として知られるようになった理由を考えると、それは、自分のスタイルからちょっとした面白さを引き出すことができた点にあると思う。

私は、自らの読書について語ることもあるが、「私はこんなに沢山の本を読んでいます。すごいでしょ」などとストレートには決して言わない。そんな人などいくらでもいるし、率直な自慢ほど聞いていてつまらないものはない。では、どのように自分の読書スタイルに興味を持ってもらうかといえば、「本は決して売らない」「読書家ではなく本を買うことが好きな買書家」「ビジネス書は読まない」「本はトン単位で数える」などと、少し角度を変えて言ってみる。ポイントは、自分を聞く立場に置き換えて、話を小ネタとして人に教えたくなるものに仕立てることである。

このとき、自分のやり方の面白さは自分自身が一番わかっているのだから、やはりこうした逸話は自分で作りださなければならない。いかに面白く自慢を聞いてもらえるかを考えださなければならないだろう。こうしたことに腐心することも、もちろん大人げない人たちの特徴の一つである。

千枚の名刺をせっせと配ることも、大金を払って手の込んだ企業サイトをつくることも、それなりの効果はあるだろう。しかし、時にはたった一つの神話の方が、自分や会社により多くの人を惹き付けることができるのである。

子供のように読書をしよう

私の考える最高の自己投資は読書である。読書をして様々なインプットをし脳を刺激すれば、考え方や発想が変わってくる。これによって間違いなく成功の確率は上がるし、それに応じて収入も上がる。さらに金銭的な話にとどまらず、読書は人生そのものを豊かにしてくれるのだ。本を読むことほど、自分の世界を広げてくれることはないのである。

大人には、読書というものを何かとんでもなく高尚なものか、または勉強のようなものだと勘違いしている人が多い。読書を敬遠してしまう人は、こうしたつまらない考えに囚《とら》われてしまっているのだと思う。これは、何よりもったいないことである。

古来より人は、人間の五感を外界との「窓」だと表現してきた。人間はこの五つの「窓」を使って、自分を取り巻く世界を知覚しているのだ。見る、聴く、嗅ぐ、触る、味わう。これによって身近な世界を体験しているのである。

しかし、自分自身が実際に体験できることは、本当にごくわずかのことだけだ。自分がいるその時間、その場所のことだけしかわからない。人間は常に時間と地理の制約を受けるのである。

しかし、読書をすることで、この制約を越えた世界のことを疑似体験することができる。いわば本は、自分と違う世界をつなげる第六の「窓」だと言ってもいいだろう。本を読まない人は、五感に匹敵する重要な情報源を無視してしまっているのである。やはり、これ以上にもったいないことはない。

さて、本書を読んでいる人は、もちろん本を読むことが嫌いではないだろう。しかし、それでも読書に対して、少し身構えている人も多いのではないだろうか。

たとえば、読書についてよくある勘違いが二つある。一つは、本は始めから最後まで全て読まなければならないということだ。そしてもう一つは、読んだ本の内容は覚えていなければならないということである。こうした考えを持つ人はかなり多いだろうと思う。

しかし、子供の頃にこんなことを考えながら本を読んだ人はいないはずだ。わざわざ無意味なルールを自分に課すのは苦しいだけではないか。読書も、子供がしているように気楽に楽しめばいいのである。

読書において重要なことは、本の内容を頭の中に入れることではない。大事なことは記憶することではなく、本を読むことで衝撃を受け、自分の内部に精神的な組み換えを発生させることだ。これは、単なる記憶以上に、自分の考えや行動に影響を及ぼすのである。本の内容を覚えているかどうかは大した問題ではない。

たとえば、子供の頃に読む絵本や童話は、こうした精神的な衝撃が最も大きいものであるはずだ。絵本や童話は多くの場合、何かしらの倫理道徳の考え方を含んでいる。こうした本の内容それ自体を覚えている人は少ないが、すべての人の考え方の根底には、子供の頃に読んだ絵本や童話の内容が、無意識のうちに根ざしているのである。

これと同じように、大人になってからの読書も、ただ脳に刺激を与えればいいのであって、内容を覚える必要はまったくない。そもそも意識的に記憶ができることなどたかが知れているのだ。

私も、雑誌やブログで書評を書くときに改めて本を読み返すのだが、その内容をほとんど何も覚えていないことに気づくことがある。時には、手に取った本が初見かもしれないと思って唖然《あぜん》とすることもあるほどだ。

それでも何かを考えたり、アイデアをひねり出すときには、今まで読んだ本の内容が確実に影響している。後になって本を読み返していると、あの時の考えはこの本から思いついたのだ、と気づく。こうして、無意識にも確実に自分の血肉になっているのである。

そう考えると、本を読む時にはできる限りバラバラのジャンルを選ぶのがいい。ジャンルやテーマによって脳は違った刺激を受けるし、新しい発想や面白い考え方は、まったく別の領域のものを組み合わせることによって生まれるからである。

だから、本は最後まで読むことを目指すよりも、より多くの種類の本を面白いところだけ読んだ方がよい。本から刺激を受けることができれば、内容を覚えていなくとも、おのずと自分そのものが変わってくるのである。

さて、本書では大人げなさをテーマに書いてきた。繰り返すが、こうした大人げなさは誰もが持っているものである。その大人げなさを呼び覚ますためには、読書をするのも最も有効な手段の一つである。本を読むことで、自分がどんなことにわくわくするのか再確認できるし、面白い本は自分を縛っている常識を打ち破ってくれるからだ。

本書も、つまらない大人たちによっていつの間にか持ち込まれた常識を、少しでも解きほぐすことができれば幸いである。なお、次章ではさらなる処方箋《しょほうせん》として、大人げなさを取り戻すために役立つ本を紹介する。それらの本を足がかりとして、自分にとっての最良の刺激を探してほしい。

第5章　大人げなさを取り戻すための本棚

人生を大人げなく楽しむための本

大人げないことが大切なのは、ただ単純にそれが楽しいことだからだ。逆に、ルールや常識に縛られることは苦しいだけである。多くの人は、子供のうちから「あるべき論」を大人に叩《たた》き込まれてしまう。

ここで紹介する本は、人生に対し肩の力を抜くために大いに役立ってくれるだろう。こうした本に接すれば、「なんだ。これでいいのか」と思うことができるはずだ。そして、人生とは楽しむためにあるのだと、改めて気づかされるのだ。

『ご冗談でしょう、ファインマンさん』〈上・下〉
リチャード・フィリップス・ファインマン
（岩波書店） 各1155円

本書は、ノーベル物理学賞を受賞したファインマンの逸話集である。真面目《まじめ》な自叙伝ではないから、内容は冗談の話ばかりだ。しかし、冗談といってもお笑い芸人が見

せるような自虐《じぎゃく》的な笑いとはまったく違う。知的なおかしさにあふれたジョークばかりである。

全編に亘《わた》って、ファインマンがいかに人生を面白く生きたか、その一点について語られているといっていいだろう。もちろん、彼はノーベル賞がきっかけとなって有名になったから、その受賞のエピソードについても触れられている。しかし、本書の主役はノーベル賞や物理学ではなく、ファインマンの日常だ。

本書で語られるファインマンの人生が魅力的なのは、物理学者としての才能に恵まれたからでも、有名人になったからでもない。多くの人が彼の人生に魅了されたのは、その日常が、持ち前の好奇心とユーモアによって、心躍る出来事の連続にされてしまったからだ。彼にノーベル賞が与えられなかったとしても、何も変わらなかったはずである。

私が本書を読んだのは、30代初めにマイクロソフトの部長になった頃のことだった。自分の仕事や管理職としての立場がいかにあるべきか、悩んでいた時期でもある。このくらいの年齢には、誰もが一度はこのように思い悩むのではないかと思う。

しかし、この本に接した私は、人生や仕事に対し肩の力が抜け、自然体になることができた。今の私のノー天気ぶりには明らかに本書が影響している。ごちゃごちゃと御託を述べたが、理屈抜きに楽しめる本でもあるので、必ず手にとってほしい一冊である。

『マリス博士の奇想天外な人生』
キャリー・マリス　（早川文庫）　798円

第1章で紹介した子供のような科学者、キャリー・マリスの自叙伝である。本書も、どちらかといえば逸話集と言った方がいいかもしれない。そして、この中の一つ一つのエピソードには、ファインマンと同じように好奇心とユーモアが溢《あふ》れている。

マリスはノーベル化学賞を受賞したが、その実像はかなりアウトローな人物だ。子供の頃から繰り返した危険な実験の数々、女性との奔放な付き合い、公言してはばからないLSD体験など、本書で語られる話はかなりぶっ飛んでいる。ちなみに、ファインマンはLSDに大きな興味を持ちつつも、依存性の問題から手を出さずにいたそうだ。マリスの方が、少したがが外れていたのだろう。

さらに、ファインマンとマリスの共通点を挙げるとすれば、心底から科学を楽しんだことと、エセ科学への批判姿勢である。ファインマンは精神医学をコケおろし、マ

リスは環境問題への科学的アプローチについて、本書で痛烈に批判している。この二人は、普段はふざけたことばかりしているにもかかわらず、自分の専門分野になるとやはり真剣なのだ。

逆に、この二人が対照的なのは、ノーベル賞の受賞に対する反応である。マリスは子供のように喜び、その後も大いに自慢したのに対し、ファインマンは受賞を断ろうと画策したそうだ。私から見ればどちらも大人げないことに変わりない。この二人は、自分のスタイルをくずすことなく、世の中を少し斜めに構えながら楽しく生きたのである。

『積みすぎた箱舟』　ジェラルド・ダレル　（福音館文庫）　788円

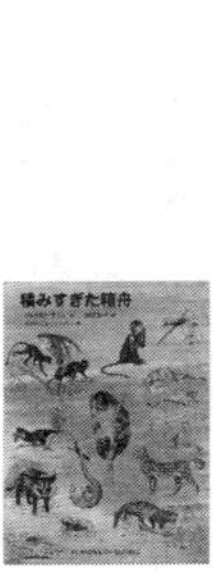

本書は、日常がつまらないと感じてしまっている人にお勧めしたい。自分の大人げなさを思い出すのにも打ってつけの本である。実は、私が子供の頃に読んでのめり込んだ本なのだが、夢中になることを忘れた大人にこそ読んでほしい。

内容は、動物学者である著者が、アフリカの密林に行って野生動物を捕獲してくるというぶっ飛んだものである。これまでに紹介した二冊とは打って変わって、どこまでも非日常の出来事だ。

著者は、密林とそこに生息する野生動物に魅入られてしまっている。ひとたび獲物を発見すれば、それ以外は目に入らなくなってしまうのだ。針毛で覆《おお》われたヤマアラシを発見した時には、危険も顧みず素手で摑《つか》みかかった。貴重な動物を発見すると、身の安全よりも動物の捕獲で頭がいっぱいになってしまうのだ。

本書には、このような楽しい話が満載されている半面、その動物の世話という退屈で面倒な仕事についても忘れてほしくない、と著者は語っている。楽しい仕事もあれば、反面つまらない仕事もある。これはどんな仕事にも共通するようだ。

読書の素晴らしいところは、刺激的な未知の世界を疑似体験できることだ。その意味で本書は、もってこいの本である。この本の世界に一度入り込めば、もう次の休日には自宅でじっとしてはいられなくなるはずだ。

好きなことを突き詰めた本

最も大人げない自分でいられるのは、好きなことに夢中になっている時間だ。こうした時間こそが人生の醍醐《だいご》味《み》であり、何物にも代えがたいものである。ここで紹介するのは、自分のやりたいことに夢中になった人たちの記録である。好きなことに取り組むのに、特別な理由や才能はいらない。ただ、やりたいことをやりたいようにやればいいのだ。

ところで、自分の好きなことを必ずしも仕事にしなければならないわけではない。大事なことは、それが仕事であれ趣味であれ、真剣になって遊び尽くすことである。

『プラネタリウムを作りました。』

大平貴之（エクスナレッジ）　１６８０円

本書は、一人の若者が独力で、史上最高の再現力を持つプラネタリウムを作りだす

までの記録だ。ある意味で超人的な記録と言えるだろう。1970年生まれの著者は、小学生の頃からプラネタリウムを作り始め、ついに400万個の星を投影できる装置を、個人の趣味として開発した。

ちなみに、これまで市場に流通していたプラネタリウムのメーカー品は、せいぜい3万個の星を投影するだけである。これに対し、著者のプラネタリウムは、天の川を形成する一つ一つの星まで見分けることができる。しかも、それを作り上げるために自宅の7畳間をクリーンルームにする機械を作り、半導体製造と全く同じ原理の工程で仕上げていく。星1個につき1マイクロメートルの穴を開けるためだ。もちろん、個人で映写するのだから、スクリーンとなる球形のエアドームまで作っている。もはや大人の言うところの趣味の範疇《はんちゅう》は、はるかに超えているだろう。

半導体技術、メカトロニクス、コンピュータ、天文データ、レンズ技術などの集積が日本にあるからこそ可能になったのだが、著者は先行者が誰一人いない中、アルバイトで貯《た》めた資金で作り上げたのだ。

科学技術が発展するにつれて、個人の力に期待できることは小さくなっているのかもしれない。しかし、本書では、現代日本の科学技術が、大人げない一人の若者に結晶したところを見ることができるのだ。

『ダチョウ力』

塚本康浩　（朝日新聞出版）　１３６５円

著者は、子供の頃から鳥に魅せられた、根っから動物好きの研究者である。研究テーマはもちろんダチョウだ。本書は、この不思議な生き物を人類の役に立てようとする熱血研究物語なのだ。

著者によると、ダチョウは驚異的に病気や怪我《けが》に強いのだという。同時に、相当「アホ」な動物なのだそうだ。カラスに、自分が小腸に到達するまで食べられているのも気づかずに、エサのもやしを食べていたりするというのだ。そしてその怪我も数日で治るのだという。しかも、ダチョウは強いらしい。研究者も飼育者もダチョウに蹴《け》り倒されたりして、気を失うことがままあるというのだ。

つまり、超アホで超元気な巨大鳥ダチョウを毎日追い掛け回し、注射をし、卵を取り出し、研究して世界を飛び回るお話なのだ。著者は、関西人生物学者である。研究自体も面白いが、研究者自身もけったいなのだ。同じく獣医師である奥さんとは、「野生のカンが働いて、この子とならつがいになって、生涯をともにできると直感した」という。

また著書は、鳥インフルエンザの抗体だけでなく、食中毒病原体の抗体を混ぜ込んだ納豆の開発やら、卵の殻を利用したアロマスタンドやら、美顔用ダチョウ油の開発やら、冗談とも本気とも区別できないような研究も行っている。こうした一見遊び半分の実験から、全く新しい知識が得られるに違いない。著者の研究室ではまた、ガン治療および検査のためのシリアスな研究も行っているのだ。まさに自分の好きなものをビジネスにしてしまった好例である。

『僕がワイナリーをつくった理由』

落希一郎（ダイヤモンド社）１５７５円

本書の著者は、いまから17年前、新潟の砂丘の荒地でワイナリーをスタートした人物だ。そのときすでに43歳、養うべき家族が４人もいて、手持ち資金はわずか２００万円だったというから驚きだ。

ワイン作りは、人類にとって最古の仕事の一つである。すでに、紀元前６０００年頃のメソポタミアで計画的に作られていたといわれる。一方で、ワインは壮大なベンチャービジネスでもある。カリフォルニアでは、１９６０年代後半にロバート・モンダビが高級ワインを作り始めたことで、いまではワイナリーはこの地の代表的な産業となっている。お洒落《しゃれ》で儲《もう》かるビジネスになったのだ。

この新しい形のワインビジネスを、日本の地に根付かせようと奮闘するのが著者のワイナリー「カーブドッチ」だ。家内制手工業のように細々と、昔ながらの手法でワインを作っているわけでなく、最新の技術をもって科学的に栽培し、醸造する。長期的視点にたって戦略的に大きな資金を集め、思い切った設備投資をしているのだ。

一方で著者は、万人受けしないワイナリーを目指している。だから、団体客の受け入れには消極的だ。ワイナリーも不便な場所にあるし、いくつかの施設は小学生未満お断りだ。

著者にとっては、１割の理解者がいれば十分であり、その１割の期待を裏切らないことが重要だという。効率や便利さを求めない、個性の強い存在でありたいという。

この意見には完全に賛成だ。私の戦略も、全体の１割を味方につけることである。自分の好きなことを突き詰めれば、少数の気の合う人間を強烈に惹《ひ》き付けることができる。

常識を覆《くつがえ》した本

常識とされる知識は、現時点では正しいと考えられているだけに過ぎない。急速な変化を遂げる今日、昨日の常識が今日は通じないということがありえる。

ここで紹介する本は、こうした常識に対して大胆な仮説を打ちたて、それを検証したものである。こうした本に触れることは、常識を疑う心を育《はぐく》み、視野を広げてくれるだろう。

仕事においても、業界の知識というものは、邪魔以外の何物でもないだろう。目の前にある常識はまず疑い、自由に仮説をつくることが重要であることは疑う余地もないのだ。

『モーセと一神教』

ジークムント・フロイト　（ちくま学芸文庫）　１２６０円

人類にとって、最大の権威である宗教そのものの常識を疑った本である。あの大心

理学者のフロイトが最後に書いたものだ。

古代エジプト人は、もともと多神教を信じていたが、紀元前14世紀頃にファラオに即位したアメンホーテプ4世は、突然、神は一つであると言い出した。水頭症を患ったアメンホーテプ4世が一神教を強要したことで、ユダヤ教が生まれ、キリスト教に発展したと説く。つまり、アメンホーテプ4世が病気にならなかったら、キリスト教文明は存在しなかったという論だ。そしてその、いわば新興宗教である一神教を信じた人々の指導者こそが、モーセだったとフロイトはいう。

モーセはユダヤ教だけでなく、同じく一神教であるキリスト教やイスラム教においても最重要な預言者の一人である。世界に存在する宗教の半分はモーセから始まったといってもよい。そしてフロイトによれば、そのルーツは、一人の特異なエジプト王にあるとされるのだ。

フロイトは本書において、繰り返しダーウィンの説などを引用しながら、一神教の成り立ちを解明しようとしている。つまり、宗教は一人の人間の思いつきが作り出したものであり、宇宙的絶対性をもっていないことを証明しようとしているようにも読めるのだ。

フロイトは、宗教者にとって禁断の仮説ともいえる本書をもって、人間には自由にものを考える権利があると証明したかったのかもしれない。

『眠れない一族』

ダニエル・T・マックス　（紀伊國屋書店）　2520円

「致死性家族性不眠症」とは、なんと恐ろしい名前の病気であろう。この遺伝性の病気は50代で発症し、まったく眠れなくなり、衰弱しながら死んでいくという、まさに悪夢そのものの病気だ。本書は、この病気の恐怖におびえながら、現在もベネチアに住んでいる一族が発端となる医学ノンフィクションである。本格ミステリーのような科学読み物だ。

第一部は、この謎の不眠症に悩まされるベネチア貴族の話である。そして、第二部は一転して、パプアニューギニアの奥地で、人肉食を習慣としていた部族に流行《はや》り始めた死病に話題が移る。このクールー病は、狂牛病の牛に似た症状を人間が呈し死にいたるのだが、この研究のため、二人のアメリカ人ノーベル賞受賞者が立ち上がる。

本書では、ベネチア貴族の不眠症も人食い族の死病も、プリオンという異常タンパク質が原因で発症するということを解説している。このプリオンは狂牛病の原因物質だ。

遺伝もするし、感染もする、そして自然に発生してしまうこともある気味の悪い病気である。しかし、このプリオン病に罹《かか》りにくい人々がいるらしい。本書では、その人々の太古の祖先は人肉食をしていた可能性が高いという。プリオン病に罹りやすい日本民族の祖先は、食人をしていなかったらしい。誇るべきか憂《うれ》うべきか。

ところで、この二人の科学者はかなりくせ者だ。一人は少年に対する異常性愛を持ち、性的虐待《ぎゃくたい》の罪で投獄された。もう一人は傲慢《ごうまん》で金権的であり、多くの同僚から今も忌《い》み嫌われている科学者なのだ。ちなみに、彼らにとってなくてはならないゲノム研究の基礎理論であるＰＣＲ法を発明したのは、キャリー・マリスである。

『ノアの洪水』

ウィリアム・ライアン、ウォルター・ピットマン

（集英社）　３９９０円

ノアの洪水とは、『旧約聖書』の「創世記」に登場する大洪水と、ノアの箱舟に関

する物語である。大半の人は、これを単なる神話だと考えているだろう。しかし、本書の著者である地質学者たちは、ノアの洪水がその昔現実に起きたことだという壮大な仮説を立てた。そしてその証拠を、太古の地質を調査することで追求していくのが本書の内容である。

今から8500年前の人類は、そのほとんどが今の黒海に住んでいた。そして氷河期が終わり、地球温暖化が進むと、海水がボスポラス海峡から溢《あふ》れ、大量に黒海に流れ込んだという。当時、黒海沿岸では農耕が盛んであったため、場所によっては半分ぐらいの人間が逃げ遅れて死んだのだという。一方、家畜や船を持っているものもいて、家畜を乗せて船で逃げている。こうして逃げ延びた人々が、メソポタミアとインド・インダスとヨーロッパに移り、三大文明が生まれたという話である。

こうした凄《すさ》まじい仮説を、海洋地質調査によって明らかにしていく。著者たちの独創性や柔軟性、観察眼には圧倒されるばかりである。こうした本を読めば、そういった能力が自分にも自然と身につき、頭の質が違ってくるだろう。

それでもビジネス書が読みたいのなら

私はビジネス書をほとんど読まない。その多くが、出世した人の自慢話だったり、現場を知らない学者の戯《ざ》れ言のようなものだからだ。下手なビジネス書を読むくらいであれば、冗談抜きで『課長　島耕作』を読んだ方がよっぽどいいと思っているくらいである。

しかし、それでもビジネス書が読みたいという人もいるだろう。もちろんビジネス書の中にも、読む価値のある本はある。ここでは、私がおすすめできるビジネス書と準ビジネス書を紹介しよう。

『社員をサーフィンに行かせよう』

イヴォン・シュイナード（東洋経済新報社）１８９０円

ビジネス書としては、最もとんがった内容の本である。著者は、世界的アウトドア

用品メーカーのパタゴニアを創業した人物だ。

　これまで第1章と第4章において、パタゴニアについて取り上げた。この会社は未公開企業でありながら、世界でもファンの多い会社であろうと思う。本書では、著者の考える会社のあり方とそこでの働き方が語られている。これが他の会社と比較すると、大きな組織の許すワークスタイルとして、ぶっちぎって先行していると考えられるのだ。

　タイトルである「社員をサーフィンに行かせよう」とは、実際にパタゴニアで奨励されている精神を言葉にしたものである。社員はサーフィンに限らず、どんなスポーツにでも勤務時間中に出かけることができる。

　著者によると、この狙《ねら》いは5つあるという。そのうちの4つは、「責任感」「効率性」「融通をきかせること」「協調性」だ。社員が仕事中に遊びに行ける半面、自らの判断には責任感を持たせる。好きなことをするために、仕事をテキパキと片付けるから効率性があがる。サーフィンでいい波をつかまえるために、すぐに出かけられるように融通をきかす。さらに、出かけた社員をフォローするために、社員の間に協調性が生まれるのだという。

　そして5つ目の狙いは、「真剣なアスリート」を集めることだ。良いアウトドア製品を開発するためには、自然やスポーツについて誰よりも深い知識と経験を持っていなければならない。そのために、アスリートを惹き付けられるような環境を作りだしているのだ。

この「真剣なアスリート」とは「大人げない人」とも言い換えられる。これからの企業は、面白みのある経営哲学や環境を用意することで、誰よりも活躍する「大人げない人」を集めなければならない。

『山　動く』

W・G・パゴニス　（同文書院インターナショナル）

2200円

湾岸戦争で、アメリカ軍の兵站《へいたん》を担当したパゴニス将軍の自叙伝だ。56万の大軍と、700万トンの軍需物資、13万両の戦闘車両を地球の裏側まで運ぶ。アメリカ陸軍中将が綴《つづ》るロジスティクス作戦史である。

圧巻は、70万人の将兵への砂漠での補給ルートを2週間で確立するという、人類史上最大の動員作戦を描いた部分だ。リーダーが「どこまで細かく指示を出すのか」

「どこまで待たせるか」といった、人を動かす秘訣《ひけつ》を読み取ることもできる。

本書のように、戦争に関する本にはビジネスに応用できるエッセンスが多く含まれている。いわば準ビジネス書といえるが、その価値はビジネス書以上だ。

その他戦争物で好きなのが、アレクサンダー大王、ハンニバルだ。ハンニバルは「ザマの戦い」で、まず前線に歩兵を立てて敵軍に攻撃させておき、時間差で側面から騎兵隊を突っ込ませ、敵を撃破している。

私はこれを仕事に応用して、まず、ライバル会社の営業部隊と自分たちの営業部隊が正面衝突する状況をつくった。そして、こう着状態となったところでマーケティング部隊を側面支援に投入、ＣＭを大々的に打って敵の営業を意気沮喪《そそう》させてしまう、といった手を打ったことがある。

『コンテナ物語』

マルク・レビンソン　（日経ＢＰ社）　２９４０円

本書は、海運用のコンテナの標準化がいかになされたかについて書かれた本だ。コ

ンテナ船を発明したのは、トラック業者のマルコム・マクリーンという人物だった。マクリーンは、より合理的なシステムとしてトラックとトラックの上に載せる箱を分離したのだ。

当然、ライバルが出現する。さらに、変化を嫌う行政や業界にも行く手を阻《はば》まれるのだが、ついには世界最大級の海運会社に上り詰める。その成功の過程もじつに面白いのだが、それ以上に、コンテナの持つ意味を考えさせられるのだ。

コンテナの標準化があったから、世界貿易が級数的に拡大したのはまちがいない。コンテナがなければ、中国の急成長などはまったく考えられないのだ。この膨大な輸送量を確保するために巨大コンテナ船も計画されている。マラッカマックスという20万トンクラスの船は、１万８０００個のコンテナを積載することができる。１万８０００個のコンテナを積むためのトラックを一列に並ばせたら、１００キロメートルの長さになるというのだ。

コンテナの標準化は、第４章でも紹介したデファクトスタンダード、つまり圧倒的なシェアを獲得したことによる事実上の標準と化した適例といえるだろう。一般にはまったく馴染《なじ》みのないコンテナの標準化だが、最も大きな社会システムの変革をもたらしたものの一つだといえる。

本書では普段は見えない世界で起きた、このダイナミックな革新を覗《のぞ》き見ることができる。ビジネス書としても、娯楽のための本としてもオススメだ。

役立たないが愛すべき本

私にとっての読書は娯楽だ。何かを学んだり、教訓を得たりするために本を読むわけではない。本を読んで人生に役立てようと思った途端に、何だかつまらなくなってしまう。

第４章で、本ではできる限り多様なテーマを選ぶのがいいと述べたが、その中には実生活にはほとんど役立たないものも含まれる。こうした無駄知識を仕入れている時間は、この上なく楽しいのだ。いつこの話を披露しようかとわくわくする。普通の人が見向きもしない無駄なものに、徹底的に詳しくなってみると、なんだかヘンな自信までついてくる。

『もしも宮中晩餐会《ばんさんかい》に招かれたら』
渡辺誠　（角川ｏｎｅテーマ21）　６００円

皇室から宮中晩餐会に招かれた場合のマナーについて、元宮中料理人である著者が

指南をする一冊だ。サブタイトルには「至高のマナー学」とあるが、実際的なマナーを学ぶには不向きだろう。タイトルも装丁も怪しいのだが、内容はきわめて面白い。

私を含めてほとんどの人は、宮中晩餐会に呼ばれたことも、呼ばれる可能性もないから本書の実用性はない。だから、天皇陛下主催の招待状にある菊の御紋は金箔《きんぱく》押しで、皇后陛下の場合は外縁だけが金箔押し、皇太子殿下の場合は単に型押し、などといったことを読んでも何の役にもたたないが、なぜかうれしい。

ワイングラスを倒した場合、街中のレストランでは、ウェイターがテーブルクロスにナプキンをかけてくれる。しかし、宮中晩餐会では、テーブルクロスに天皇家の顔である菊の御紋があるため、放っておかれるらしい。ナプキンも通常55センチ角に対して、宮中は75センチなのだという。

食事の薀蓄《うんちく》もふんだんで、テレビ番組「どっちの料理ショー」の最高格式版のようである。なんと、エリザベス女王来日のおりには、御料牧場で1年前から羊を育てはじめた。そして、毎日、寝藁《ねわら》を代えシャワーをして匂《にお》いを消したという。

こうした内容を読んで、税金の無駄遣いだなどと怒ってはいけない。ただただ、純粋に小話として楽しめばいいのだ。

『馬車が買いたい！』

鹿島茂　（白水社）　３３６０円

さらに実用性のない本を紹介してみよう。いままで私が出会った本の中では、最も役立たない本だと言える。しかし、これがとにかく面白いのだ。

まずは本書を簡単に紹介してみよう。バルザック、フロベール、ユゴー、スタンダールなどの19世紀のフランス小説から風俗描写を抜き出し、当時のパリという街のディテールや、金銭感覚などを纏《まと》めたものだ。あとがきで著者は「以前から注が主体であるような本を書きたかった」といっているように、大量の図版を使いながら、本全体としては参照の多い「ウィキペディア」のような構造になっている。

普通の人にとって、この本を読むモチベーションとして、「知る楽しさ」は二の次であり、純粋に本を読むことが第一であろう。

第一章は11ページにわたりディリジャンス（遠距離乗合馬車）について説明した章だ。馬車の構造、その乗客の様子、運行業者の運営形態、発着所などの情報について細部を極める。「フランス関係者」でもない私にとっては、生きるためには何の意味

ももたない。しかし、とんでもなく面白いのだ。文章はこなれており、軽快で、小説からの引用もすばらしく、第一章だけでも13枚もの図版が使われている。

繰り返しになるが、本書の魅力は、なんといっても本を読むという行為を純粋に楽しめることだ。よほどの19世紀のフランス好きに巡り合わない限り、本書で得た薀蓄には語りあう場面すらないはずだ。私にとっては理想の一冊である。

『ローマ人の物語』〈8～13、ユリウス・カエサル〉
塩野七生　（新潮文庫）　各420円

塩野七生の著書を役立たない本として紹介しては、怒られてしまうかもしれない。もちろん読み方によっては、示《し》唆《さ》に富んだものばかりである。しかし、塩野の本の楽しみ方は、著者がどれだけ物語の主人公に深く恋をしているかを感じながら、ノンフィクションの恋愛物として読むのが一番なのではないかと思う。

塩野七生の著書の中でおすすめを聞かれれば、間違いなくローマ人の物語のカエサル編を選ぶであろう。全作を通して、塩野が最も深い愛情を抱いたのが、カエサルに対してであると思われるからだ。ここまで一人の人間の魅力を、余すところなく伝える本にはなかなか出会えない。本書を読み終える頃には、読者も著者と同じようにカエサルに夢中になっているだろう。

塩野の描写によれば、このカエサルもかなり大人げない人物だったようだ。多額の借金を抱えていたカエサルは、借金が少額のうちは債務者の立場が強いが、多額になれば立場は逆転すると考えていたそうだ。確かに今の日本でも、多大な債務のせいで潰《つぶ》すことができない企業が存在する。カエサルは大人げなく、そして本質的な思考の持ち主だったようだ。

ところで、最近ではよく、本を読む人が少なくなったと言われるが、私はそんなことはないと思う。塩野七生のあまり実用性のない本が、10万部単位でばかばかと売れていくからだ。この意味では、日本の読書文化もまだまだ捨てたものではない。

おわりに――「大人げなさ」は人生を楽しむ道具である

経済の成長や情報流通の発展に伴い、近年では価値観が多様化していると言われる。その中で今、大きく変わり始めているのが成功の定義であろう。もはや、名前が世間に売れれば成功、人より金を稼げば成功、という単純なものではなくなっている。

私自身のことで言えば、若くして社長になったときも、退任に伴ってストックオプションを行使したときにも、これで自分が成功者になったとは考えなかった。たとえ過去の名声もなく、自由になるお金が少なくとも、今の生活はほとんど変わらないはずだ。おそらく、同じように本を読み、歌舞伎《かぶき》を観覧し、プラモデルを作っている。

もちろん、金があれば幸福になれる確率は高くなる。しかし、金があれば必ず幸福になれるというわけではないようだ。成功や幸福を、人生を楽しく生きることと考えるならば、名声や金とは本質的に無関係である。面白い人生とは、好奇心を満たす時間や、刺激的な体験の積み重ねに他ならない。

言うまでもなく、人生は１回きりだ。

そして、その人生は楽しむが勝ちである。仕事も人生もナメてなんぼ。いかに面白い人生を送るかを常に考えなければならない。

つまるところ、私が自分の人生について成功だと言えるのは、一生を楽しみ尽くしたと確信できた時だけだ。死の瞬間に、走馬灯のように一生のダイジェストを映画として眺めるとする。そのエンドロールで、「あー、楽しかった。」とつぶやいて事切れることができれば、私の人生は大成功なのである。

なお、本書は石田忠司とのいわば共著だ。石田君は4年前のインスパイアの新入社員だった。彼は、コンサルティング・ファームや投資銀行にも内定をもらっていた引く手あまたの人材である。同じ頃、彼はインスパイアでインターンをしていた。1週間のインターン期間が終了した夜の食事会で、私から「君は大成しないな」と言われたというのだ。石田君はそれに腹を立てて入社してきたのである。

事の真相を明かせば、あまりにも立派な人材だったので、つい対抗意識をもってしまったのである。そして石田君は、その復讐《ふくしゅう》をするために入社してきたのだ。見かねた取締役の見満周宜が石田君を預かることになった。「社長と新入社員で張り合ってどうするんですか」と二人はたしなめられたのだ。大人げない人は、大人げない人を見つけて仲間にする不思議な力があるようだ。

大人げなさが、大人げなさを呼ぶ。その先には、平均からは激しく逸脱した楽しい人生が待っているはずだ。

遊んで暮らそう

この章の七つのエッセイは、著者が月刊誌「フォーサイト」に二〇〇一年十一月より三十七回にわたって連載したコラム「遊んで暮らそう」からの抜粋です。時制などは掲載当時のままとしました。

僕が出会った超人、奇人、天才たち

五年前にひょんなことから始めた呑《の》み会「フォーラム50」が二十回目を迎える。きっかけは同い年の新聞記者との雑談だった。彼曰《いわ》く、我々一九五五年生まれの学年からは十年に一度の天才がでている。千代の富士、中野浩一《こういち》、桑田佳祐《けいすけ》、野田秀樹《ひでき》、ビル・ゲイツ、スティーブ・ジョブズ。したがって僕らも天才なのだ、と盛り上がった。根拠はきわめて呪術《じゅじゅつ》的である。

スポーツや芸能界、ベンチャーは実力本位の世界だから若いうちに頭角を現す。しかし、日本の経済、政治、学問は旧態依然。そこで、いまは不遇であっても年を取ってから天才を発揮するかもしれない五五年生まれを見つけ、ツバをつけておこうと考えたのだ。目的はきわめて功利的。

僕が直接お会いした方だけに声をかけるルールを厳守したため、なかなか同年生まれは見つからない。会の名前をフォーラム50として対象を五〇年代生まれに拡大。第一回目は三十名ほどのお手軽招待者ではじまった。方法はきわめて刹那《せつな》的だ。

会費八千円。食べ物は近くのすし屋の出張握りだけ。偉いひとの講演どころか、主催者のあいさつも乾杯もお開きの拍手もない。マンションの一室を借りて夜七時ごろから三々五々あつまり、早朝までただただダベるのだ。

回が進むにつれて、天才は少ないが奇人は多いこと、五〇年代以外にも奇人が多くいることが判明。出席者の幅は二〇年代から八〇年代までに拡大した。現在、参加者リストは二百名ほど。そのうち毎回三十名ほどを無作為にピックアップしてお呼びしている。

奇人の典型はNASAよりも多数のスーパーコンピュータを個人会社で所有していた流体力学の先生。見てくれは太ったマッドサイエンティストそのもので、実際にも事業は破綻《はたん》した。ある日、「WC」マークの入ったスリッパを履いてあらわれたことがある。誘いの電話を自宅のトイレで受けたからとのこと。この日は雨だった。

五年といっても短いようで長い。当初から参加してくれていた役人はほとんど転職してしまった。国会議員、大学関係者、コンサルタント、投資会社の経営者。そのほとんどが旧通産省なのはご愛嬌《あいきょう》。隣の芝生は青く見えるものだ。旧建設省の役人が転職していないのは、隣の芝生が枯れているからかもしれない。

十九年間勝ち続け二十年目で負けた債券トレーダーは物書きになった。老舗《しにせ》美容院の経営者にして大物ゲームフィッシングの世界記録保持者は、地域を巻き込んだIC

カード事業を開始した。ベンチャー・キャピタリストは航空会社を設立、逆に外資系IT企業経営者がベンチャー・キャピタリストになったケースもある。

ジャーナリストも、経済誌経営者をはじめ数名の新聞記者が転身した。PR会社経営者やテレビ・キャスターになった人もいる。経済人では主催者本人はいうまでもなく、銀行マンは外資系コンサルタントになり、洋酒会社社員は日本最大の異業種交流会を設立、ドイツ人エコノミストは投資会社の経営を始めた。五年間で四回転職したひとが最高位。もう誰が誰やら判《わか》らない。毎回、新しい名刺の交換から始まるのが当たり前となった。

超人ともいえる人々もいる。元プロのヘリコプター操縦士なのだが、現在は巨大観光ホテルの社長で、休日には資格をもつ神主職を過疎地《かそち》で務め、時には個人所有の漁船でマグロ釣りを趣味とする人。「障害者を納税者に」というきわめて刺激的なキャッチフレーズで、ITを利用した障害者の在宅勤務支援をしている団体の代表はこてこての関西かーちゃん。重度の心身障害者の母親で阪神大震災の被災者、中卒バツイチ中年太りで「五重苦」とは本人の弁。実際はこの人が一番明るく賢い超人なのだ。

超人、奇人、天才たち、彼らは仕事は人生の一部でしかないと思っているフシがある。転職もするが趣味も多彩なのだ。しかし「今」の仕事に対する取り組み方は尋常ではない。つい極めてしまう、とでも言うべきか。常識を無視し、非難を省みず、将来の成功保証もないにもかかわらず二十四時間働ける人々が、結構いるものなのだ。

（2002年2月号）

テレビゲームにハマった果てに

ここ十年のあいだで、テレビゲームにハマって会社を都合一カ月は休んだ。テレビゲームといっても格闘ゲームやレーシングゲームではない。それではいくらなんでも子供じみているというものだ。ハマっているのはRPGというタイプのもの。ロール・プレイング・ゲームの略で、そのひとつである「ドラクエ」という言葉を記憶している方も多いだろう。プレーヤーが主人公を操り、神話やメルヘンの世界を冒険するというものだ。

ゲームを一回終わらせるのには五十時間から百時間。主人公が生まれた町を離れ、次々にモンスターを倒しながら強く成長し、最後にラスト・ボスという悪の権化《ごんげ》を倒すのにかかる時間だ。文字通り一日中戦っていても全体の四分の一も進まない。そこで、最低三日間は会社を休むことになる。

自分でも「なんてアホらしい」「四十になってまでやることか」「歳《とし》とってきて目が疲れやすくなった」「手が震える、喉《のど》が渇く」などとつぶやきながら、パジャマ姿のままでテレビに向かっていた。ところが、ここ数年はラストまでは遊ばない。さすがに恥ずかしくなったのと、もっと面白いＲＰＧが見つかったからだ。

そのＲＰＧとは、ＲＰＧを作っている会社の役員になることだ。ファイナルファンタジー・シリーズが僕のお気に入りだったこともあって、その制作会社であるスクウエアの社外取締役を一昨年に引き受けた。もちろん、新作を無償でいち早くいただけるという下心もあるのだが、会社経営自体も十分ＲＰＧの要素がある。

長期間にわたりさまざまな難問・奇問を解きながら、売上や利益などをあげ、株主・従業員・取引先に利益を還元することは、いささか不穏当な表現だが究極のゲームとも言える。とはいえこのゲームは命がけ。とりわけ社外役員にはその要素が強い。ゲームの中の主人公に擬すことができる会長・社長を「言葉」というコントローラをつかいながら、励ましたり叱咤《しった》したりして経営チームをつくることになるからだ。

本物のＲＰＧは長くて百時間。経営ＲＰＧのほうは数年かかる。ところがここ数年は、テレビゲームのＲＰＧもインターネットに対応することで、経営ＲＰＧなみに長期化しはじめた。いわゆるブロードバンドを利用して数千人が同時に冒険するというオンラインゲームが登場したからだ。

わが国よりＩＴ化がすすんでいる韓国では数年前からブームになっていた。このゲームは見知らぬもの同士がチームを作り、協力しながら何年もかけて敵のモンスターをやっつけたり、共同で仮想の事業をはじめたり、単におしゃべりのためだけに集まったり、さまざまな楽しみ方ができる。

仮想空間上のコミュニティー。ネットワーク上では知らない者同士が協力しなければ、物語は前に進まない。自然と荒ぶる者や不遜《ふそん》な人は排除されることになる。現実世界のコミュニティーよりもプレーヤーたちはモラルが高いように見える。金銭的な価値に置き換えられない共同作業がそうさせるのだ。引きこもりの若者が通常のサラリーマンより多くの友人を持ち、高いモラルを持つことが可能になった。

ＩＴバブルが崩壊し、株式含み益とともに高度情報化の夢も去ったように見えるが、どっこいエンターテインメントの世界は順調に育っている。伝統文化の歌舞伎《かぶき》も江戸時代には単なるエンターテインメント。ＩＴバブルは、崩壊して新しい文化を残すに違いない。

問題は僕自身。再びゲームにハマって仕事をサボるか、大人の経済人に脱皮するか。実はゲーム会社の社外取締役になることは、その最適解だったのだ。僕がかかわることになったこのスクウェア、日本版ネットワークゲームの制作を手がけており、そのゲームの名前を「ファイナルファンタジーXI」という。

（2002年7月号）

赤いポルシェでカジノに行きたい！

昨年、念願のポルシェを手に入れた。カラーは赤。型式は996カレラ4カブリオレ。真っ赤なポルシェで緑の中を駆け抜けるというのが長年の夢だった。山口百恵のファンではないのだが、音楽のもつイメージ定着力はすさまじい。十年以上前から最後に買う車は赤のポルシェと決めていた。ポルシェのオーナーにはソニーの出井会長やスルガ銀行の岡野社長などハンサムな経営者が多いのも魅力だ。車体は赤でも、乗る人の髪はシルバーグレーが似合う車なのだ。

僕はこのポルシェも含め平均的な車ユーザーだった。黄色に黒ライン入りの三菱ミラージュからはじまり、銀色の三菱ギャラン、白のトヨタマークⅡ、黒のベンツ中型セダン、銀色のベンツワゴンなどを乗り継いできた。平均的というのは色選びである。メーカーがカタログで表紙に使う、いわば推奨色の車ばかりを買っている。他人には「個性をもて」などと偉ぶっているわりには、メーカーの思う壺《つぼ》の車選びをしている。

身の回りのモノを見ても、やはり平均的な買い物をしていることに気が付く。本業であったパソコンですらNEC、ソニー、DELLとその当時の売れ筋を買っているし、携帯電話も順調に504iまで逐次買い換えている。本も平積みの台から見るし、スーパーでもお奨《すす》めの食材コーナーで足がとまる。昼めし屋でも、本日のメニューからさばの味噌煮《みそに》などを選ぶ。僕はメーカーや小売店のターゲットとする購買層のど真ん中にいるのだ。まわりの友人達に聞いても答えはほとんど同じ。ついメーカーや小売店に買わされてしまっている。わざわざ、自分にあった特殊な商品を探し回ることは例外でしかない。

しかし、このところポルシェを最後に本当に欲しいものが見当たらない。満たされているといわれればそうなのかもしれない。でもね、何か買い物をしたくないですか。

メーカーの製品開発者や小売店のマーチャンダイザーがサボっているのではないかと、すぐに他人のせいにする僕は思うのだ。マーケティングリサーチや企画会議、提案書つくりや試作評価をサボっているということではない。遊びそのものをサボっているのだ。もともと車だって遊びの道具だった。馬車より手軽なピクニック用の移動手段だった。パソコンもアマチュア無線少年たちの玩具《おもちゃ》だった。自分史的にみても高価な洋服はデート用に買ったもんだ。

消費者は店頭で気に入ったものを見つけたらそれを買う。何が欲しいかと改まって聞かれても、わからないと答えるだけだ。だれでも人生のひと時を楽しく過ごすモノは欲しい。そして人生を楽しくさせてくれる道具は広い意味で遊びの道具なのだ。遊んでいない真面目《まじめ》なビジネスマンが新製品など開発できるわけがない。会議を捨てて遊びにでよう。

遊ぶなら、その一つは新しいものにチャレンジするべきだ。僕の大好きな僻地《へきち》旅行やダイビングなどは案外中高年むき。ネットワーク・ゲームやフットサルなどの若者系も見てみるべきだ。歌舞伎やお座敷遊びなどの伝統文化系もおすすめだ。しかし、ある意味で遊びの頂点ともいうべき本当のギャンブルが日本にはない。

カジノがないことが日本の商品開発力が弱まった原因だとするのは言い過ぎかもし

れないが、本来リスクをとるビジネスである銀行の凋落《ちょうらく》もここに原因があるように思われる。立派なビジネスマンがスーツ姿で出入りできる場所がないのは残念極まりない。「東京にカジノを」の一点だけは石原都知事を支援する所以《ゆえん》だ。

カジノはお隣の韓国にもあるではないか、との声が聞こえてきそうだ。でも、僕は赤のポルシェでタキシードを着てカジノに出向いてみたいのだ。韓国にもフェリーで行けないことはないが潮風に吹かれたくない。万が一、ポルシェに錆《さび》でもでたらどうします？

（2002年9月号）

ゴルフは大人が子供に返る遊び

八月末に繰り出したゴルフで九十一のスコアをマークした。我ながら快挙である。じつはスコアが百を切り始めたのは今年からで、それまでは百以上百三十以下というプレーを淡々とこなしていた。同行プレーヤーには、「特訓でもしたのか」とからかわれたが一切なにもしていない。むしろネットワーク・ゲームにはまっていたので、ゴルフはほぼ二カ月ぶりだったのだ。

だいたいゴルフの基礎とも言うべき打ちっぱなしの練習場に通ったことがない。四年ほど前に始めた遅咲きゴルファーのくせに、これまで十回も練習場には足を運んでいない。練習が嫌いなのである。そのくせ良く飛ぶドライバーが出たと聞くと買ってみたりするし、ボールも最新式を試してみたりする。プロから教わったこともなく、スウィングも安定していないはずだから、宝の持ち腐れそのものなのだ。

いまもそうだが、ゴルフというスポーツを楽しむというよりは、子供じみた友達と芝生の上を転げまわることに強い郷愁と幸せを感じている。ショット毎《ごと》の一喜一憂、道具やコースにまつわるたわいもない会話が、一気に四人を数十年前の小学生時代に運んでくれる。僕にとってゴルフを楽しむ上でもっとも重要なのは同行のプレーヤー選びなのだ。

ほぼ百パーセントのアマチュアゴルファーはコース上で子供に返る。日頃は自由奔放に国際的なビジネスをすすめる経営者がスコアにつよくこだわるのをみると、真面目で勉強家の子供だったのだろうと思う。反対に謹厳実直と受け取られている銀行頭取がいいショットを打って躍り上がるのを見ると、じつはこちらのほうが自由奔放な少年時代を送ったのだろうと推測がつく。僕は実年齢や役職には興味はなく、子供時代の性格が合う人としかコースを回らない。ガキ大将やわんぱく小僧だった人が好きなのだ。

その結果、意外にも僕が好んでプレーをする人々には七十歳代の年長者が多い。大笑いしながらボールにあらゆる文句をいうコンピュータ会社会長。飛びにこだわり、バッグに入らないほどの長いドライバーを持ち出す出版社会長。きれいなキャディだと文字通りお尻《しり》を追いかけまわす団体役員など、同僚中年諸氏に勝る少年時代を送ってきた人が多い。

五十、六十歳代の印象はどちらかというと真面目。競争の厳しい団塊の世代も含んでいるせいか、スコアにこだわりショットを極めようとしている人が多いように思われる。四十歳代はいいかげん系だ。ゴルフで子供にもどる必要が感じられないほど子供っぽい人が多いと思う。二十、三十歳代は千差万別。世代感が感じられない。

四年前までゴルフは嫌いなもののトップ5に入っていた。本人は記憶にないので、友人から僕が話していたことを聞くと「じじくさい」「しんきくさい」「あほくさい」など「くさい」系の罵詈《ばり》雑言《ぞうごん》を言っていたそうだ。しかし、ある日無理やり連れて行かれたゴルフで捕まった。ドライバーが、一回だけだが、まっすぐ長く飛んだのだ。

ゴルフの魅力については百万巻の書物で語られているのでこれ以上言わないが、本当に不思議な遊びだ。紳士がする子供遊びの極致とでもいうべきか。
ところで、練習もしない僕が今年に入ってスコア百を切っている理由は至極簡単。使用するドライバーは四十三・五インチのシャフトに取り替え、スウィングにおいてはアドレスを下半身中心に組み立て、バックスウィングではトップを意識、フォロースルーでは体の向きに注意しつつも、スウィングプレーンにおいては……。そう、僕はゴルフ雑誌は全《すべ》て買ってしまう雑誌ゴルファーなのだ。

（2002年10月号）

「お座敷パンダ」が欲しい！

手塚治虫が雑誌『少年』で一九五二年に連載を開始した「鉄腕アトム」は、二〇〇三年四月七日に誕生したことになっているロボット少年だ。アトムが登場して以来二十世紀中は、ロボットは工場で使われる生産設備の一種でしかなかった。しかし、二十一世紀に入り、ホンダやソニーなど好調な企業が相次いでヒューマノイド型ロボットを発表し始めた。五十年ぶりの進展である。さらに五十年経《た》てば、本物のアトムが誕生していてもおかしくはない。

二〇〇一年に話題となった百年前の報知新聞の記事では、無線電信・電話、冷暖房装置、写真電話、七日間世界一周などが予測されていた。当時は呆《あき》れた夢物語でしかなかったことが、百年を待たずに実現している。しかも、通信業や航空業などの新産業が、この夢物語から生まれているのだ。

SFに代表される夢物語が技術を進化させ産業を作り出すのだとしたら、次の夢物語を作り始める必要がある。

第一弾は「お座敷パンダ」。体長四十センチくらいのパンダが欲しい。家に帰ると小さなパンダがソファーの上ででんぐり返しをしているのだ。笹《ささ》やサトウキビを食べながら風呂場《ふろば》で水あそびをしているのだ。あまりにも可愛《かわい》い。独身者たちは背中にパンダをおぶって出勤せざるを得ないから、会社は託パンダ所を設け人材確保に乗り出す。ルイ・ヴィトンは「パンダおんぶバッグ」を発売し、レストランは「パンダと一緒！　特製サトウキビディナー」を提供する。男性雑誌も「パンダと彼女　どっちを選ぶ？」特集を組む。

山岳地帯が多い日本はパンダの主食である笹の一大生産地になるであろう。すさまじい経済効果である。山間地の過疎問題は一気に解決だ。ほかにもテーブルの上に顔だけ出せる高さの「食卓キリン」、マンションで飼える「ベランダアフリカ象」、学校で水泳を一緒に学べる体長三メートルの「競泳シロナガスクジラ」などはどうだろう。世界中がメルヘン動物図鑑になるのだ。

それと「宇宙階段道路」。これはすでにSFの中でも取り上げられているテーマだ。三万六千キロの彼方《かなた》、静止軌道を真中にした長い紐《ひも》を、片側は地球の重力で、反対側は遠心力で釣り合いを取ることで完成する。ロケットではとてつもないエネルギーを使って重力から抜け出なければならないが、これは単なる階段道路である。歩いてもいける。最初の一歩は大変だが、静止軌道では無重力なのだ。ただし歩くとなると数年はかかるので、エレベータを設置したほうが良い。

これを日本の総力を挙げて四国に建設するのだ。世界中から宇宙観光客が押し寄せる。四国までは関西空港から陸路しか選ばせない。本四架橋の赤字は一気に解決。「道路はつながっていなければ意味はない」と主張しつづけた国土交通省や族議員は救国神社に祀《まつ》られるであろう。

ふざけているように思われるだろうが、この二つの技術開発だけでも非常に多くの研究が必要になり、副産物が生まれるに違いない。パンダだけでも生殖メカニズム、成長抑制因子、性成熟などの研究が素人《しろうと》でも思いつく。階段道路では高ひっぱり強度の繊維、超高速エレベータ、宇宙ゴミの処理などだろうか。伊達《だて》に遊んでいてはいけない。人類の未来や革新的技術を視野に入れつつ夢想することが肝要なのだ。

などと偉ぶっても、実際にはまだお座敷パンダくらいしか思いついていない。がんばって夢想するより、幼稚園にでもいって、子供とお絵かきするほうが近道なのかもしれない。その前に仕事もしなきゃ。

（2003年4月号）

僕は狩猟系

すこし前、ある男性雑誌から万年筆についての取材を受けた。デジタル一辺倒のビジネスマンがどんな万年筆を使っているか覗《のぞ》きみるという趣向だ。取材に応じて持っている万年筆を並べてみて驚いた。全てもらい物だったのだ。ＩＢＭから講演料代わりにいただいた太くて黒いモンブラン、出版社から印税代わりにもらった書き味抜群金ペン堂のシェーファーなど、ご祝儀《しゅうぎ》としていただいたものが多い。

　ビル・ゲイツからもらった純プラチナ製モンブランは退職金の割増しだったのだろうか。あらためて価格を調べてみたら、なんと一万五千ドルもする代物だった。箱を捨ててしまったことが悔やまれる。家宝としてさっそく金庫に入れたことはいうまでもない。

　ところで、かばんはコールマンのショルダーバッグを愛用している。コールマンといえばキャンプ用品で有名なメーカーでビジネスとはあまり縁がない。アウトドア用の布製なので軽くて強い。偉い人と会うとき以外の服装は全てＧＡＰのコットンパンツにボタンダウンシャツだけである。ＧＡＰやユニクロはズボンの裾丈《すそたけ》にもサイズがあるので、その場で買って帰ることができるから便利だ。

　六月にはいるとジャケットすら持たないで家を出る。どうせ羽織りもしないので、荷物は少ない方がいい。靴はクラークスのデザートブーツかコールハーンのスリップオンであることが多い。両方ともバックスキンなので、靴磨きとは無縁なのだ。

　これはもはや僻地旅行に出かけるときの格好である。ベストを着てキャップをかぶれば、そのまま中央アジアの草原に立っていてもおかしくない。そうなのだ、僕にとってのビジネスはハンティングとか冒険に近いものなのだ。

バイオテクノロジー分野で有望な新物質に投資する。新しい金融の枠組みを作っている小さな投資銀行たちと提携して企業をサポートする。従来にないマーケティング手法でシェアを奪還する手伝いをする。インスパイアの多くのビジネスは、あたかも森のなかでより大きな獲物をみつけ、それに挑戦するといったおもむきがある。

僕の服装とビジネスが狩猟系だとすれば、世の中のほとんどのビジネスマンは農耕系である。高価だが遠くからみると作業服のようなスーツに身をつつみ、農家が土を肥やすように生産性の向上や効率化に延々と心血を注ぐ。どちらが偉いというのではない。あまりにも違う世界にいる二つのタイプがあるということだ。

農業の特徴は水利や繁忙期の労働力の調整、天気や気候などの外部要因依存など、現代の大規模ビジネスにもぴったり当てはまる。談合や官民癒着《ゆちゃく》の存在、系列による労働力調整とアウトソーシング・ブーム、バランスシートの毀損《きそん》の言い訳にデフレを使うなど、あまりに酷似している。

いっぽう狩猟系はベンチャーキャピタル、ゲノム製薬ベンチャー、ヘッジファンドなど少数精鋭主義の会社がそうだ。狩人《かりゅうど》の特徴である追い子と射撃手の分化、離合集散のチーム編成、獲物が捕れるまで狩場にとどまることなど。現代に置き換えると、パートナーと呼ばれる経営陣とアソシエイトと呼ばれるビジネス奴隷《どれい》の存在、頻繁な転職と社内での衝突、大成功時に会社を解散するなど、狩猟そのものだ。
問題はその中間点に立つ人々だ。本来、狩猟系なのに農耕系の会社に入り、自らの不遇に愚痴をこぼし続ける人々。本来、農耕系なのに狩猟系の会社に入り、会社の制度に小言を言いながら、老いていく人々。その特徴はランダムなセンスにある。地味なスーツに派手なワイシャツ、革製のビジネスバッグの中には夕刊紙、ジッポのライターと健康食品。無党派層の平均的姿が見えてくる。

（2003年7月号）

プラモデル作りの高揚感と罪悪感

一年に一回だけ自分へのご褒美《ほうび》として許している趣味がある。プラモデル作りだ。子供の頃、プラモデルは高嶺《たかね》の花。せっせと小遣いを貯めても、年に一台ゼロ戦を買うのがやっとだった。それゆえに模型屋でお金を払うときには、いつも後ろめたさを感じていた。この五百円で参考書の一冊でも買うべきかもしれないと逡巡《しゅんじゅん》し、「お母さんごめんなさい」と心の中でつぶやきながらお金を支払っていた。

プラモデルは、作ること自体が面白かった。出来上がったゼロ戦は次の日にはタンスの上に放りっぱなし。それゆえに罪悪感が増す。五百円は作っている最中の高揚感への対価だと気づいたのは大人になってからのことだ。プラモデルは子供でも説明書に従って作れば完成するようになっている。子供にとっては、何事もきちんと行なえる大人と同じ土俵に立った感覚を持つことができるのだ。

しかし、この「プラモデル罪悪感」は堅固だ。ポルシェの実車は買えたくせに、そのプラモデルはいまだ手にしていない。悪い思い出はないのだが、トラウマそのものだ。そこで一年に一回と条件をつけ、清水の舞台から飛び降りるつもりでプラモデルを買うことにしている。とはいっても、五百円のプラモデルでは損をした気分になる。いささか矛盾しているようだが、せっかく許されたのだからと思い切って高額のものを買うことにしたのだ。

その記念すべき第一号はエンジン付きのラジコン・カー。真っ赤なボディーのメルセデスベンツのF1マシンである。車体の組み立てや塗装は簡単だったが、初心者にとってはエンジンの調整が難しい。やっと動き出したのは二日目の朝なのだが、そのエンジン音のけたたましいこと。しかも猛烈なスピードで走る。自宅まわりで走らせてはやかましいし、危険でもある。結局、エンジンをかけたのはその日だけであった。

次の年は、静かで動きの遅いものにしようとタミヤ模型製の戦車を買った。ドイツのタイガーI型である。十六分の一スケールのプラモデルでも、さすがに戦車は重量四キロを超える。ラジコン操作で前後左右に走り回るのはもちろん、砲塔の旋回、砲身の上下、弾丸発射時の砲身後退や車体の反動など驚くべきリアリティで再現されている。

しかし、本当に驚くのはその効果音だ。この模型にはスピーカーが内蔵されており、走行中の音や砲塔の旋回音、エンジン始動音も実車さながら。それもそのはず、開発陣はフランスのソミュール戦車博物館に赴き、世界で一台走行可能な実車から作動音を録音して、模型上で再生しているのだ。模型道ここに極まれり。タミヤは日本が誇るべきメーカーの一社である。

それにしても、フランスには妙な博物館があるものだ。調べてみると、ここには百二十台の戦車が常設展示されており、レストア中も含めて五百台を所有しているらしい。さらに近代兵器を展示する博物館を調べ始めると、いささか驚かされた。ドイツにもムンスター戦車博物館とコブレンツ国防技術博物館という二つの戦車を中心とした博物館がある。アメリカにはスミソニアン博物館はもとより、ハワイ陸軍博物館など多数。イギリスにも戦車博物館、ロシアもクビンカ戦車博物館、北京にも軍事博物館がある。

これらは戦車にからんだ博物館だけであり、航空機や軍艦なども含めるとその数は膨らむ。さらに有史来の軍事全般を扱う博物館となるとほとんどあらゆる国が保有していることになる。

軍事博物館がない国はおそらく日本だけであろう。日本においては殺す側の戦争はなかったことになっているらしい。一日みれば恐怖を覚える武器を展示することもなく、殺される側の平和を語るだけだ。広島の平和記念資料館などは非常に崇高な博物館のひとつであることは否定しない。しかし、日本ではプラモデルやテレビでしか兵器や戦闘を見ることができないのは問題ではなかろうか。

ともあれプラモデルは年に一度でいいが、実際の戦闘は百年に一度でもごめんこうむりたい。

（２００３年９月号）

文庫版おわりに

本書は2009年11月にダイヤモンド社から出版された同名の単行本を文庫化したものである。本書のタイトルともなった「大人げなさ」という言葉は当時の担当編集者だった加藤貞顕との雑談のなかから掘り出されたものだ。その時まで自分が「大人げない大人」だとは思ってもみなかったのである。自分が生まれつきの天邪鬼《あまのじゃく》だとは気づいていたし、ビル・ゲイツについては単なる変人だと思っていた程度だった。むしろ、自分は仕事を放り投げてまでもゲームに熱中してしまうような一種の落伍者《らくごしゃ》だと思っていたのだ。

しかし「大人げない」という言葉の発見で、大げさにいうと人生観が一変したのである。気が楽になったのだ。言葉というのはじつに不思議なものである。これでご臨終のその時まで、お義理の飲み会をドタキャンしても、原稿の〆切に遅れても、あの人は「大人げない大人」だから仕方ないねえ、と諦《あきら》めてくれるはずなのだ。この原稿もすでに担当編集者の川上祥子から通告されている〆切から5日間も遅れている。日曜の朝から催促のメールが何通もとどいて五月蠅《うるさ》くて仕方がないので、MacBookAirに向かっているのだ。

読者のなかにはどうやっても「大人げない大人」になれない人もいるだろう。子供の頃から大人だった人もいるはずだ。無理やり「大人げない大人」になる必要はない。むしろ本書を読んで、周囲にいるはずの「大人げない大人」を見つけ、都合よく付き合うほうが理にかなっている。「大人げない大人」はつまり子供だから、ひとことでも褒《ほ》められれば大喜びで協力してくれるであろう。ただし、言うことを聞かない時には川上祥子がやったように、何度も言ってきかせる必要があるかもしれない。

ところで、本書には単行本にはなかった「おまけ」がついている。2001年11月から2004年12月まで、新潮社の国際政治経済月刊誌『フォーサイト』に連載していた「遊んで暮らそう」というエッセイの一部を転載した。2000年にマイクロソフトを退職してまず引き受けたのがこの連載エッセイと月刊『文藝春秋』の「今月買った本」という連載書評だった。その後、株式会社インスパイアという投資コンサルティング会社を創業したが、後輩に社長を押し付けて、2011年にはまったく別の事業を立ち上げた。ノンフィクション専門の書評サイトの「HONZ」である。

自分でも驚くが、知らず知らずに10年以上前に今日の仕込みをしていたことになる。

つまり、いまでは本を読んで遊んで暮らしながら、書評で稼げるようになってきた。まさに本書のなかでも言っているように「夢中になれることは最高の才能」であり「興味があればなんでもやってみる」ことがお気楽な人生を送る秘訣《ひけつ》なのだとつくづく思うのだ。

さあ、夢中になれる面白いことを探しに、本書を捨てて街にでよう。

２０１２年10月

成毛　眞

この作品は二〇〇九年十一月ダイヤモンド社より刊行された。
文庫化にあたり月刊誌「フォーサイト」連載「遊んで暮らそう」
七回分を収録した。

大人《おとな》げない大人《おとな》になれ！

新潮文庫　な－79－1

平成二十四年十二月一日発行

著者　成《なる》毛《け》眞《まこと》

発行者　佐藤隆信

発行所　株式会社　新潮社

郵便番号　一六二—八七一一
東京都新宿区矢来町七一
電話　編集部(〇三)三二六六—五四四〇
　　　読者係(〇三)三二六六—五一一一
http://www.shinchosha.co.jp

価格はカバーに表示してあります。

乱丁・落丁本は、ご面倒ですが小社読者係宛ご送付ください。送料小社負担にてお取替えいたします。

印刷・二光印刷株式会社　製本・憲専堂製本株式会社

ISBN978-4-10-138311-8 C0130